だいわ文庫

女の子が幸せになる子育て

未来を生き抜く力を与えたい

漆 紫穂子

大和書房

子供の心にスイッチが入る瞬間

――文庫版まえがきにかえて

「うちの子どうしたら、やる気が出るのでしょうか？」

「何ごとにも、もう少し積極性を持つには？」

「集中力がもっとつく方法はありますか？」

親御さんから、こんな相談をよく受けます。

なかには、子供が期待通りにならない原因を、

「私の育て方がいけなかったのかしら」

と、悩んだり、どうにかしようと、ますますがんばったりする方もいます。

しかし、子供はふとした瞬間に、見違えるほど変わることがあるのです。わが子の成長に、「うちの子じゃないみたい」と、涙ぐんで喜んでいる親御さんの顔を、私は数多く見てきました。

教員の喜びの瞬間です。

三十五年間の教員生活を通じて、あらためて実感することがあります。それは、

「得意な分野は少しずつ違うけれど、子供には、誰でも無限の能力が潜んでいる」

ということです。では、どういうときにその能力が表に出てくるのでしょう。それは、

・小さな成功体験によって、自信が生まれたとき
・自分なりの目標ができたとき
・人のために、何かをやって喜ばれたとき

などさまざまです。そんなときが、「子供の心にスイッチが入る瞬間」であり、子供に前向きな心が生まれるときだと思います。

そこで大人の役割は、次の二つになるのではないでしょうか。

・子供の心にスイッチが入る環境を整えること

・子供たちに、「未来を生き抜く力」を与えること

お子さんが大人になるころの社会は、私たちの予想もつかないほど、大きく変わっているでしょう。そこで、どんな未来が来ても、自分の力で幸せな人生を切り開いていける力を身につけてもらいたいと願っています。

本書では、そのための環境づくりを、「生活習慣のつくり方」や、「コミュニケーションのとり方」などの面から、書かせていただきました。

「親が読んでほっとする本にしたい」

という出版のお勧めの言葉に共感したものです。

子供に期待や悩みを持つ親御さんに対して、

「今の時期にこうしておくと、子供は伸びますよ」

「そんなに心配しなくても、大丈夫ですよ」

「これは見逃しがちだけど、気をつけてください」

などと伝えることで、少しでもお役にたてればと思っております。


なお、文中で紹介しているカウンセリングの考え方やエクササイズには、NLP研究所の堀井恵先生から学んだことが活かされています。

また、ところどころで本校の取り組みを紹介していますが、本校に限らず、学校はそれぞれ独自の取り組みをしています。一例としてお読みいただき、ご家庭で活かしていただければ幸いです。

さらに、文中に登場するエピソードは、私や本校教員が現場で体験したこと、また他校の先生方からうかがった話などをもとに、人物が特定されないように再構成しています。学校という性格上、ご理解ください。


本書は、もちろん私一人の力で生まれたものではありません。これまで学校で過ごした間に接した、生徒、卒業生、保護者、同僚、他校の先生ほか、多数の方々から、教えていただいたことの集大成です。あらためて感謝しております。

このたび文庫版が発売されるにあたり、何カ所か加筆や修正をしました。世界の情勢はこの本が最初に出版された当時とは大きく変わり、私たちが生活する日本社会や子どもたちを取り巻く環境も変化したからです。

未来社会の予想はより難しくなりましたが、子どもたちの可能性が広がったとも言えます。サブタイトルにある「未来を生き抜く力を与えたい」という思いをより強く感じています。

二〇二〇年二月

品川女子学院理事長　漆　紫穂子

女の子が幸せになる子育て
——未来を生き抜く力を与えたい

もくじ

子供の心にスイッチが入る瞬間
——文庫版まえがきにかえて・3

第1章 子供のやる気を引き出す生活習慣

親は何をしたらいいのでしょう?

小さな自信が成長の糧に・17
「どうせできっこない」という子供の心にスイッチを入れるひと言・20
「自分で選ぶ体験」が、子供の自立を早くする・24

勉強する習慣が身に付く三点固定の法則・27
集中できる子の勉強法は？・30
友だちの合理的な学習方法を真似てみる・35
小さなルールづくりで、親子の関係がプラスに変わる・38
ダメなものはダメ、理由無用のときもある・41
門限は心のストッパー・46
成長のためのハードルをとらないで・49
子供の面倒、いつまで見るの？・52
家庭で教える生きたお金の使い方・55
子供に家計をオープンにする・58
料理は手間隙よりも栄養バランスを・62
食育は家庭だけに押し付けられない・65
年中行事で自然や文化を意識する・68
ネット社会から子供を守る・71

第2章

家族のより良いコミュニケーション

親子の会話にすれ違いはありませんか？

子供は叱られることを求めている・77
「私はそれが嫌いなの」とストレートに言う・80
子供の変化と小さなサイン・84
やる気を促す問いかけ、やる気をくじくひと言・87
聞き上手になる三つの方法・91
その言葉、どういう意味で使っているの？・95
嫌な言葉を交換してみる・98
会話に隠れた「省略」や「思い込み」・102
親同士の悪口がトラウマに・105
兄弟姉妹との比較が引き起こす問題・108

子供の話にはフィルターがかかっていることも・110
「がんばるときだけ応援する」というスタンスも・113
過程を話したがる人と結論を優先する人
——話がかみ合わない原因①・116
理詰めで話す人と感覚で話す人
——話がかみ合わない原因②・119
危険回避型の人と目標達成型の人
——話がかみ合わない原因③・123

第3章 意識を変えるカウンセリング・エクササイズ

視点を変えるだけで気持ちが楽になる

見方を変えれば、短所も長所に感じてくる・129
家族の行動に、ついイライラするときは・133
「相手の立場」になるエクササイズ・136

「認めてほしい」という本心の裏返し・139
質問の繰り返しで、隠された意図が浮かび上がる・142
その悩み、本当は誰の問題？・145
もし働くことに負い目を持っていたら……・148
愛情は接する時間に比例するの？・152
反抗期、わが子も成長した証・155

第4章 幸せにつながる学校選び

子供の未来から、今を見る

学校選びは、「子育て方針」のすり合わせから・161
二十八歳の未来から逆算した教育を・167
公立？　私立？　と迷ったときは・171
一番「いい学校」はその子に「合う学校」・174

女子校のメリットとデメリット・177
自我の目覚めで転校したあるケース・181
「遠距離通学」をどうする？・185

第5章

子育てに活かす「仕事力」

お父さんに知ってほしいこと

お父さんのＮＧワード「で、結論は？」「俺は忙しい」……・191
「仕事力」を子育てにも活かす・196
ときには家庭に仕事を持ち込んで・202
任せたのなら、後で文句を言わないで・206
「家族の時間」を確保するには・208
受験期の「お父さんの役割」・210

第6章

親に伝えたい「学校での気づき」

家庭でも活かせる学校の取り組み

クラブでがんばる子は受験にも強い・217
日本の伝統を知ってこそ、国際人になれる・221
留学を成功させる二つのポイント・226
本当に「孤独はいけない」の?・229
外部の情報より、目の前の子供を見て・233
競争を通して知る自分の強み・236
「何のために勉強するの?」と聞かれたら……・239
学校と企業の連携で、働く意義を体感・242
親でも教員でもない大人から学ぶこと・246

第 1 章

子供のやる気を引き出す生活習慣

親は何をしたらいいのでしょう?

たった一つの成功体験によって自信をつけたり、
自分なりの目標が見えたりしたときなど——

子供は、ほんの小さなことがきっかけで、
驚くほど変わることがあります。

この章では、保護者の方からよく受ける、

「どうしたら成績があがりますか？」

「子供が言うことを聞かなくて困っている……」

などの相談にお答えします。

小さな自信が成長の糧《かて》に

小学五年生のときのことです。

水泳教室に通っていた私は、同じ練習をしていても周りの子よりかなりタイムが遅く、才能がないのかなと自信が持てずにいました。自信がないからやる気が出ない、練習に身が入らないからタイムが上がらない……という悪循環に陥っていたのです。

水泳を辞めようかなと悩んでいたある日、記録会で思わぬ自己ベストが出ました。といっても、ほかの子よりずっと遅いタイムです。どうせ誰も気付かないだろうと思っていたところ、タッチした瞬間、コーチが、

「おめでとう！　ベストタイムだね」

と言ってくれたのです。

「みんなより遅い私なんかの記録を覚えていてくれたんだ」
と、思わず涙が出ました。

これをきっかけに、私は人と自分を比べることをやめ、自分なりの進歩に喜びと自信を感じ、さまざまなことに前向きに取り組めるようになったのです。

こんな昔話をしたのは、子供は知らず識《し》らず、「人と自分を比べて自信をなくしている」ことがあるからです。

そんなとき、誰かが自分を見ていてくれて、小さなことでも褒めてくれることで、自信を持てるようになります。

そして、その小さな自信がやる気のもとになり、さまざまなことに挑戦し、他の分野も伸びていく。自信が成長の糧になるのです。

私が経験したように、大人は、

「たとえ平凡な記録でも、その子にとってのベストタイムならどんどん褒める」

「そのタイミングを見逃さないように、子供をよく見る」

という姿勢が大切なのではないでしょうか。

私の教員としての原点は、ここにあります。

子供の成長の芽は思いがけないところにたくさんあります。他人が見たら目立たない芽でも、後々、思いもよらぬ花を咲かせることもあるのです。

「どうせできっこない」という子供の心にスイッチを入れるひと言

「酸っぱい葡萄《ぶどう》の心理」

といわれるものがあります。ある狐《きつね》が、高い木に美味しそうに実っている葡萄を取ろうと一所懸命になるのですが、結局、取れません。その途端、

「どうせ酸っぱい葡萄だからやめておこう」

と自分に言い聞かせて去っていくというイソップ寓話を題材にして、人間の心理を説明したものです。

人には、満たされない欲求に対し、自分にとって都合のいい理由をつけて、行動を正当化したくなる心理があるようです。でも、本心は葡萄を食べたいのです。そんなとき、

「本当はどうしたいの？」

と問い掛けることで、本心に気づくことがあります。

生徒たちに浴衣の着付けを教えていたときのことです。なかなか着方を覚えられない子が、

「私、こういうの覚えられないの」

と音《ね》を上げていました。そのうち、

「着物なんて着ることがないだろうし、洋服のほうが楽だし……」

と、手が止まってしまいました。そこで、

「でも、夏になると花火大会やお祭りがあるよね。もし着られたとしたら、どんな気分がする？」

と声を掛けてみたところ、

「やっぱり、それはうれしい」

と答えてくれました。

本当はうまく着たいのだけれど、思い通りにならないことでイライラしてい

ただけなのです。


「練習したって上達するわけがない」

「どうせ、自分は勉強なんかできない」

など、自分を卑下《ひげ》したり、諦《あきら》めたりしている言葉が子供の口から出てきたときは、

「もし、できたとしたら？」

という言葉を掛け、明るい未来を思い描かせたり、ゴールイメージを膨らませてあげたりすると、心にスイッチが入る可能性が高まるでしょう。


子供がゴールをイメージすることの効果はほかにもあります。

たとえば部屋を片付けてほしいとき、親が、

「片付けなさい」

と言っても、なかなか言うことを聞いてくれないのではないでしょうか。

そんなとき、子供の頭のなかには、自分が部屋を片付けている過程が浮かんでいるかもしれないからです。そうなると途端に面倒くさくなってしまいます。

そこで、

「きれいになったらどんな気持ちがする？」

「きれいになった部屋で何がしたい？　友だちを呼べるようになるね」

など、片付いた後のイメージが頭に浮かぶような言葉を掛けてみてはどうでしょう。

不思議と片付けている過程のことが気にならなくなるようです。

「自分で選ぶ体験」が、子供の自立を早くする

私が小学校に入学するとき、たまたま目にしたピンク色のランドセルがどうしても欲しくて、駄々をこねました。そのとき、母は、

「そんなに言うなら買ってあげる。でも、何があっても自分の責任よ」

と言いました。

そのときは何のことか分からず、ただ大喜びしていましたが、初登校の日に意味が理解できました。当時、女子のランドセルといえば赤色以外には考えられず、全校でただ一人ピンク色のランドセルを背負っていた私は、上級生にからかわれ、ひどい目に遭《あ》ったのです。

母は、私がそういう目に遭うことを予想していました。それにもかかわらず、ピンク色のランドセルを選ぼうとする私に反対しなかったのは、

「選択には責任が伴う」

ということを、体験を通じて学ばせたかったのでしょう。

旧通産省で女性初の局長を務めた方からこんな話を聞いたことがあります。

「小さい頃、周りの女の子がおひな様を買ってもらっているとき、親が私に『おひな様がいい？　それとも他のものがいい？』と聞いてきました。そのとき私は『ブランコがいい！』と答え、おひな様を選びませんでした。このときの『自分で選んだ』という体験が、後の人生に大きな影響を与えてくれました」

自立した子供に育てるためには、折に触れ、「選択」をさせてあげるといいのではないでしょうか。子供にとって、「自分で選ぶ」体験はうれしく誇らしいものです。

仮にその選択が失敗であったとしても、自分で選んだことであれば、「自由や選択には責任が伴う」ことに気付き、次への糧となります。失敗を成功へ変えていく工夫も生まれます。

生死や将来に大きくかかわるような選択ではない限り、たとえ失敗すると分かっていても、ときには、目をつぶる勇気も必要です。

勉強する習慣が身に付く三点固定の法則

「子供が勉強をしないのですが、どうしたらいいでしょうか？」という相談をよくいただきます。確かに、「勉強しなさい」と言って勉強するものなら苦労はしませんよね。

子供の行動が変わるときは、「成功体験があった」「目標ができた」など、子供自身に心を動かすようなきっかけがある場合が多いのですが、親がサポートできることもあります。

たとえば「環境を変える」ことです。「勉強しなさい」と言う前に、「勉強する環境をつくる」のです。ここでは「三点固定の法則」と題してお話ししましょう。

三点とは、起床時間・夕食時間・就寝時間のこと。自学自習の習慣がついている生徒に、勉強する時間帯を聞くと、「帰宅後〜夕食前」「夕食後〜就寝前」「起床〜朝食前」のポイントに固定されていることが多いのです。そして、そういうご家庭は、起床・夕食・就寝の三つの時間が毎日きちんと固定されているようです。そのことにより生活にリズムが生まれ、前後の勉強時間も固定されるのでしょう。

「え、そんなことで?」

と思われるかもしれませんが、騙《だま》されたと思ってやってみてください。決まった時間に夕食を終え、テレビを消し、机に向かう。それをルールにします。始めのうちは勉強の中身は問いません。決まった時間に机に向かうという行動を習慣化することが大切なのです。

注意点は、曜日によって例外を設けず、夕食が八時なら八時と固定させること。できる限り、休日も含めてペースを守ります。

さらに、夏休み、冬休みも例外をつくらないのが原則です。朝寝坊や夜更かしを大目に見てあげたい日もあるでしょう。

しかし、子供は年齢が低いほど例外を受け入れることが苦手。せっかく身に付けた基本的な生活習慣も、それが絶対的なルールではないと分かると、崩れてしまいかねません。

その逆に、長期休暇中の勉強時間を普段より増やし、規則正しく過ごせた場合、それは自信となって、その後の学習習慣につながることでしょう。

集中できる子の勉強法は？

リビングで趣味に没頭しているお子さんの背中を眺めて、

「これが勉強だったら」

と思うことはありませんか。好きなことをしているときの子供は、本当に真剣ですよね。考えてみれば、大人も同じです。好きなことであれば集中できるし、脳も活性化します。けれど、興味がないことだと、それは起こりにくいでしょう。

大人であれ、子供であれ、自分のなかに、「集中できる状態」と「なかなか集中できない状態」が共存しているのです。

「うちの子は、五分と集中できなくて」

と言われる親御さんもいますが、お子さんに、集中力がいつもないわけではないでしょう。「集中できる状態」を、勉強の時間に持ってこられればいいですね。

そうした集中できる状態にするため、いろいろな工夫をしている子がいます。たとえば、家で勉強しているときに小さなチョコレートを、問題集の十ページごとに挟んでおくという子がいました。自分にご褒美を与えることで、集中力を高める技です。この場合、

「一時間やれば、チョコレートを食べられる」

ではなく、

「十ページ終わらせれば、チョコレートを食べられる」

というように、勉強を時間ではなく、量を条件にしているところがポイントです。

本校では、卒業生が後輩のために毎年「合格体験記」を残していくのですが、

そのなかで、何人もの卒業生が、

「勉強するときは、時間で区切るのではなく、量で区切るほうが集中します」

とアドバイスしています。前者ではだらだらと時間を過ごしかねませんが、後者なら、ここまでやらなくては、という量をこなさなくては終わらないので、その分、集中力が続くということでしょう。


一方、十五分など、短い時間を単位にした学習も意外と効果的です。電車を待っている間も惜しんで勉強をしていた生徒は、

「短時間だと集中できるし、その後もしばらく覚えたことが頭に残っているので、十五分の後に、おまけの時間がつく感じです」

と言っていました。


クラブ活動と学習を両立している子に秘訣を聞くと、多くの子が、

「クラブを続けたいから、短い時間でも集中できる」

と言います。彼女たちに共通しているのは、好きなクラブを続けたいという

気持ちが学習のモチベーションになっていることと、やはり、登下校時間や休み時間など、短い時間の使い方がうまいことです。また、

「自信のある教科はあえて予習を軽めにして授業に集中する。一方、苦手科目は予習も復習も念入りにする」

とも言っていました。自分を知り、効率的に、やるべきときにやるべきことを、工夫してやっているのです。

スポーツで全国優勝し、理系の国立大学に現役合格した生徒に勉強と部活動を両立する秘訣を聞くと、

「切り替えです」

と答えていました。切り替えと集中。時間がないからこそ身に付いた優れた能力なのでしょう。

オリンピックにも参加したことがある生徒から聞いた勉強方法は、

「とにかく手を動かすこと」

だそうです。強化指定選手になると、代表合宿などで公欠が多くなるのですが、その遅れを取り戻す際、友人からかき集めた授業ノートや、教員から渡されたプリント類を、すべて自分でワープロに打ち直していたのだとか。

「読んだだけでは頭に入らないけれど、手や体を動かすことで、頭に入る」と言うのです。これなど、まさに自分のなかの「集中できる状態」を、勉強の時間に応用した好例といえるでしょう。

友だちの合理的な学習方法を真似てみる

性格は真面目で、学習時間も長いのに、なぜか成績のふるわない生徒がいました。不思議に思い、放課後、居残り勉強をしている様子を見ていると、勉強をするときの動作にいくつか癖があることが分かったのです。

たとえば、辞書を引くとき、一度開いたページに指を挟んだりしないため、ノートに記入している途中で閉じてしまい、同じ単語を何回も引き直していました。

また、問題を一問解くたびに、シャープペンシルの芯を引っ込めているのです。

彼女はこうした癖を直すことによって、同じ時間内でも、より多くの学習量をこなすことができるようになりました。

このように、成績がふるわないのは、勉強ができないのではなく、やり方が悪い場合もあるのです。

時間をかけずに合理的な勉強方法で成績を伸ばす子もいます。

ある生徒は、英語の得意な友人と一緒に勉強したことで、画期的な単語学習法を発見したと喜んでいました。それは、

「辞書を引いた単語には必ず赤いマーカーを引く。その後、意味を忘れ、同じ単語を引いた場合は青いマーカーを引く。すると、何回も忘れた単語はカラフルになっていくため印象に残る」

という方法です。それを真似したことで、単語力が飛躍的にあがったとのことです。

一人で捗《はかど》らないのであれば、友人と一緒に勉強する方法もあります。問題を出し合うことで、記憶が定着しやすくなることもあります。また、ノルマや罰

ゲームなどを決めることで、がぜんやる気がわくこともあるでしょう。

夏休みに、四泊五日、六十時間の勉強合宿をした際は、参加した生徒が口々に、

「みんなと一緒だと思いがけない力が出る」

と言っていました。合理的な勉強方法は人によって違います。大切なのは、「自分に合った方法を見つけること」。

それまでは、試行錯誤も必要です。うまくいっている人のやり方を学び、

「そんなこと」

と言う前にまずやってみる。

やってみることで、向き不向きが見えてきます。

小さなルールづくりで、親子の関係がプラスに変わる

ルールという言葉にどんなイメージを持ちますか。

「窮屈」「面倒」「縛られる感じ」など否定的なものが多いでしょうか。

では、ルールがあることで得ているものは？　という質問はどうでしょう。

「交通ルールがあるから安心して歩ける」

「ルールがあるからスポーツが楽しめる」

という答えが挙がるかもしれません。

こう捉えると、ルールとは、複数の人が集まる場で、互いが信頼し、安心して楽しく過ごす「自由」を得るための道具ともいえるのではないでしょうか。

新入生のご家庭に、入学式までにやっていただく宿題を出したことがありま

す。それは、

「『わが家のルール』を一つ決めて実践してください。そして、それによって家族にどんな変化が起こったかを、お子さんがご家族にインタビューし、自分の考えと合わせて、入学後に提出してください」

というものでした。

ルールといっても大袈裟なものではなく、たとえば、「帰宅後は靴を揃える」「挨拶をする」「自分の皿は流し台まで運ぶ」など、小さなやりやすいことでいいのです。ポイントは、「家族みんなができること」と「毎日できること」です。

変化の例として、

「協力することで家族の一体感が生まれた」

「家族の一員としての貢献意識が生まれた」

「家族のコミュニケーションが増えた」

といったものが挙がりました。

「お皿の片付けをルールにしたら、いちいちガミガミ言わなくても、みんなが自然とやってくれるようになった」

というお母さんの声もありました。

「ルール」には、他人行儀な響きがあるかもしれませんが、そのルールによって家族のなかにどんな変化が生まれるか、一度、実験してみてはいかがでしょう。

ダメなものはダメ、理由無用のときもある

子供の行為に対して、厳しく叱ったのはいいけれど、

「なぜ、いけないの？」

と言い返され、返答に窮してしまったことはありませんか？

たとえば、親に無断で校則違反の髪染めをした子供を叱ったとき、

「どうしていけないの？」

「誰に迷惑をかけているの？」

「大人はなんでいいの？」

「もともと茶髪の外国人はどうなるの？」

などと詰め寄られ、次第に返す言葉が出てこなくなる。

そんなときに、一つひとつの質問に答えることは困難です。なぜなら、ルー

ルとは文化や時代によって異なるものであり、その組織のなかでは整合性があっても、絶対に正しいこと、絶対に悪いことはほとんどないからです。

本校はこれまで二十五ヵ国一〇〇人以上の留学生を受け入れました。国や地域によって法律や風習が違うことを知って、生徒は互いに驚き合っています。選挙権や自動車免許が取得できる年齢の違いなどは、まだ想像の範囲内ですが、なかには、先住民族の習慣に配慮して校則で入れ墨が許可されているなど、意外なものもあります。

メキシコ有数のお嬢様学校の生徒が数人来校したときのこと。彼女たちが授業中にガムを嚙んでいるので、注意をしたら、眠くならないためのエチケットであるとのことでした。逆に、多くの留学生は、日本人が電車や校内で居眠りをするのに驚きます。

また、本校の生徒がタイに留学したときのこと。「体育座り」をしていたら、「お行儀が悪いので胡坐《あぐら》にしなさい」

とたしなめられたそうです。国によってマナーはいろいろです。

先日、グローバル教育の専門家から興味深い話を聞きました。

「国や地域によって、リーガル（法）・モラル（道徳）・レリジャス（宗教）という三つの規範意識に強弱がある。たとえば、ある子供が商店から宝石を持ち逃げしたとき、裁かれ方にどういう違いがあるか」

という話でした。その違いを要約すると、以下のようになります。

「リーガルコード社会では、ルールが社会の中心。従って、ルールが誰に対しても同じように適用される。泣こうが謝ろうが酌量はされない。犯した罪として罰せられる。モラルコード社会では、人間関係が社会の中心。親や本人が心から謝り、二度とこんなことはしないと誓うなどすれば許されることがある。レリジャスコード社会では、家族の名を汚すと親から叱られ、『こんなことをすると最後の審判の日まで待たずに裁かれます』とか、『あなたやあなたの愛する家族に（神様の罰として）不幸なことが起きますよ』と言って脅されることが多い」

このように、ルールにも複数の軸、価値観があるのです。

それでは、ルールはなくても構《かま》わないのでしょうか？

社会のなかで暮らさないのならルールは必要ないかもしれません。私はよく生徒に、

「山奥で一人きりで暮らす覚悟があればルールは守らなくてもいいかも。でも、お腹が痛くなってもお医者さんに診てもらえないのよ」

と冗談交じりに言います。

複数の人間がともに暮らすとき、そこにはルールが必要になります。ルールとは組織のなかで、そこに所属する人々が互いに信頼し、安心して暮らすために存在するものです。将来、社会の一員として巣立つ子供たちには、ルールの中身よりも、ルールは守ること自体に意味があることを伝えたいものです。

大人になり、ルールの中身に疑問や意見があるときは、ルールを破って自己主張するのでなく、正式な手続きでそれを変えていく人になってほしいと思っています。

家族という複数の人間の集う家庭は社会の始まりです。家庭のルールを決めたなら、子供が、

「なぜ、いけないのか?」

と言い返してきたとしても、

「ダメなものはダメ」

と、根負けせずに言い続けることが、将来のためなのです。

門限は心のストッパー

「うちの子、今はかわいいけれど、もう少し大きくなって、急に悪くなったらどうしよう？」

「物騒なニュースを聞くとぞっとするけど、娘がそういった事件に巻き込まれないために親がしておくことって何？」

と、友人に聞かれることがあります。これまでの経験から、一つアドバイスをするとしたら、それは、「門限を設けること」です。

「まさかうちの子が」

「こんなことならもっと厳しくしておけばよかった」

これは、子供に押し切られ、遊び目的の夜間の外出、外泊を許していて、わが子が被害を受けたとき、親御さんが決まって使う言葉だそうです。

今の子供たちを取り巻いている環境は、親の世代とは違います。夜の繁華街は、大人と子供の間にボーダーラインがありません。子供の少ない経験では、とても処理しきれないような問題があふれています。子供の持つ優しさや好奇心があだになることもあります。女の子なら被害者になる危険度はさらに増すでしょう。

警察や他校との情報交換を通じて、知ったことがあります。それは、「ニュースになるのは氷山の一角。命にかかわるケースだけ」という事実。被害を受けても、本人の将来を考えて被害届を出さないケースもあるそうです。

門限があった方は思い出してみてください。それはどんな存在でしたか。うっとうしく、わずらわしい、目の上のたんこぶのようなものではありませんでしたか。門限のない友だちがうらやましく、親を恨めしく思ったことはないでしょうか。

門限は、いわば「心のストッパー」なのです。

これがあることで、友だちと遊んでいて、いろいろな誘惑にかられたとしても、心のなかでブレーキがかかります。

「親に怒られるかなぁ」

「でも、たまにはいいか」

「やはり、心配するだろうなぁ」

などと葛藤が起こるかもしれません。

ある生徒は、友だちに外泊を誘われたときのことをこう言っていました。

「正直、私は外泊を悪いこととは思っていません。だけど、門限があるから気になって。親が心配するかなと思って」


時間を何時に設定するかは大きな問題ではありません。大切なのは、門限があるという事実。そして、それは、自分が家族の一員であり、信頼を裏切ってはいけないという、「心のストッパー」の役割を果たしてくれるのです。

成長のためのハードルをとらないで

海外語学研修の引率をしていたときのこと。到着後数日もたたないうちに、ある生徒の親御さんから連絡が入りました。

「娘から国際電話があり、ホームステイ先でトラブルに遭っているようだ。心配なので、すぐにホストファミリーを替えて欲しい」

という内容でした。そこで、翌朝のミーティング時に本人に事情を聞いてみると、

「ホストマザーがすぐ怒る」

ということでした。具体的に何があったのかを聞いていくと、どうも、慣れない英語でのコミュニケーションによって生じた誤解もあるようです。

するど、その場にいた他の生徒も会話に加わってきて、

「私のホームステイ先ではこういうことがあった」

「こうしてみたらどうだろう」

と、話が発展していきました。そのうち、彼女も気が楽になってきたようで、

「まだ数日しかいないので、もう少しがんばってみよう」

と、落ち着きを取り戻しました。

しかし、親御さんにそうしたやりとりを伝えても、心配が残ったのでしょう。納得されていないご様子でしたので、再度その生徒に、

「あなたはどうしたい?」

と確認したところ、彼女は、

「皆にも迷惑がかかるし、このままでいいです。うちの親、少し過保護なんです」

という返事。その後、彼女は自分の力で乗り越えて、一回り成長して帰国しました。

子供にとって、年齢や状況に応じ、困難やストレスがあることは必要なことです。そのハードルを乗り越えることで、次にもっと高いハードルが来たときに、乗り越えられるだけの力を蓄えていくのでしょう。

お子さんが困っている姿を目の前にしたとき、親心として、手を差し伸べたくなるでしょう。けれど、そこをぐっと我慢することも、子供の成長にとって、とても大切なことだと感じています。

子供の面倒、いつまで見るの？

ある宿泊行事でのことです。自分のバッグから出したはずの荷物なのに、どうしても元に収められず困っている生徒がいました。

「この荷物をどうやってカバンに詰めてきたの？」

と聞くと、

「親がしてくれました」

との答え。


ある名門男子校の先生もこんなことをおっしゃっていました。

「新入生が参加する最初の宿泊行事のとき、生徒が出た後の風呂場はパンツの山。脱いだ下着を片付ける習慣がないんです。最初の保護者会は、まず親御さんに子離れをしてくださいとお願いするところから始めます」

どちらも、困ったような、ほほえましいようなエピソードですが、すぐに笑い話では済まない年齢になることも気にとめてほしいのです。

私は毎年、入学式に、保護者の方々に向けて、

「親御さんも、私たち教員も、普通ならば、お子さんより先にこの世を去る存在です」

と話しています。入学式に縁起でもないと思われるかもしれませんが、中学入学という節目にお子さんの自立に向け、親の手が及ばなくなったときの子供の人生を想像していただくためです。

自分の人生が終わりに近づくとき、お子さんは何歳になっているでしょうか。

私の母は四十八歳で病に倒れ、五十三歳で他界しました。発病したとき私は大学生。下の弟はまだ中学生でした。世の中には、もっと早く親を亡くす子供

もいます。

残された子供のことを考えたら、「かわいそうだから」といって手を差し伸べるほうが、かわいそうなことをしているのかもしれません。

家庭で教える生きたお金の使い方

経済界から専門家を招いての特別講座を行ったときに、その方が生徒に、次のような質問をされました。

「お金を稼ぐことは、良いことでしょうか、それとも悪いことでしょうか？」

これに対し、全員が「良いこと」と答えていました。続いて、

「お金に対するイメージは、きれい、汚い、どちらですか？」

という質問には、四分の三の生徒が「汚い」と答えていました。

つまり、

「お金自体にはいいイメージを持っていないけれど、お金を稼ぐことは別」

ということです。

私は、こうした、やや軸がぶれた状態で子供たちを社会に送り出して、きちんとしたお金の使い方ができるのだろうかと、多少の不安を感じました。

けれど、考えてみればこれは子供たちに限ったことではありません。日本人は何となく「お金は汚いもの」というイメージを持つ傾向があるような気がします。

お金そのものは社会生活を円滑にするための道具であり、本来、きれいなものでも汚いものでもありません。確かに、お金に足をすくわれることもあるでしょう。しかし、志を持って使えば、夢を叶え、社会貢献をする手段ともなります。

家庭や学校でも、「生きたお金の使い方」について積極的に伝えていったほうがいいのではないでしょうか。

本校では、そのような考えから、さまざまな金融経済教育を取り入れてきました。

企業と共同で商品開発やサービスの提案を行う「企業とのコラボレーション授業」や、文化祭の模擬店を利用した「起業体験プログラム」、また、株式を通して社会の仕組みや経済について学ぶ社会科の「株式ゲーム」、物価や家のローンなどさまざまなことを学ぶ家庭科の「お金の教養講座」などです。

こうした取り組みを通じて、子供たちが「お金の力」を知り、その活かし方、ひいては将来の生き方について考えるようになってくれればと願っています。

子供に家計をオープンにする

ある金融機関からお招きした金融経済教育の講師の方が、本校の授業で、「あなたの学費はどれくらい掛かっているか知っていますか？」と生徒に尋ねたことがありました。子供は普通、学費のことなど知らないので、「実は、こんなに掛かっているんですよ」と、びっくりさせるための質問だったそうです。ところが、その意図に反して、ほとんどの生徒が、「知っている」と手を挙げたため、逆に講師の方が驚かれたということがありました。

本校では、六年間で学費はいくら掛かるのかをオープンにし、入学前から伝えているため、子供たちもよく知っていたのでしょう。もともと保護者への情報提供のつもりだったのですが、子供までそうした事実を知ることで、親に対する感謝の気持ちが生まれることにつながっているようです。たとえば、

「何の心配もなく、私が学校に行けるのは、親が一所懸命働いてくれているから」

と語る生徒がいます。それに対して、お母さんも、

「娘がそういうことを言ってくれるから、私も働き甲斐があります」

とおっしゃっていました。また、生徒が、

「私学に通わせてもらっている」

という表現を使うこともあります。あるとき、国立大学に現役で合格した生徒に、

「おめでとう」

と言うと、

「はい、私が私立の中高一貫校に来てしまったため、親には無理をさせましたから」

という返事をされたこともありました。

私は、子供がある程度の年齢になったら、家のお金がどのように使われているかなど、家計のことをオープンにしてもいいのではと思っています。少なくとも、

「あなたには、これくらいの学費が掛かっているのですよ」

というくらいは教えてもいいと思います。教育にお金が掛かる時代です。そうした事実を知ることで、自分がいかに大事にされているか気づくこともあるでしょう。

「お金のことで、子供に気を遣わせるなんて」

と思われる方もいるかもしれませんが、事実を伝えることで、

「自分は家族の一員として信頼されている」

という気持ちを持つこともあります。

ちなみに、私が育った家庭では、お給料が入ると母親がそれを家族の目の前

で分配していました。食費・教育費・小遣いなどと封筒に小分けにしていくのです。お陰で私は、家計の仕組みをビジュアルで理解することができました。

「ママのお小遣いよりも、私のお稽古代のほうが高いのか」

という事実も分かり、親に対する感謝が生まれたものです。ともすれば、子供は、

「親が子供の面倒を見るのは当たり前」

と思いがちですからね。

私の実家が少し変わっていたのは、ボーナスの時期になると、子供にまでボーナスが配られたことです。ですから私は子供心に、ボーナスのありがたさを理解していました。その代わりお年玉はもらえません。

収入に応じて家族にも配当が生じる。今、考えると、とても合理的なシステムであったと思います。

料理は手間隙よりも栄養バランスを

「タマネギの皮って、どこまでですか？」

「どっちがサツマイモで、どっちがレンコンですか？」

と聞く子がいるそうです。今の子供たちは、加工食品やカットされた野菜を見ることはあっても、まるのままの野菜や魚などを見る機会が少ないのでしょうか。

また、あるとき、社会科の教員が稲を持って廊下を歩いていたので、

「それ、何に使うの？」

と聞いたところ、

「稲を見たことがないという生徒がいるので、見せてあげるんです」

と返されて、驚いたことがありました。

子供たちと食の関係が危うくなってきているように感じます。

特に、私が心配しているのは、ダイエットという言葉に敏感で、カロリーは気にする子が多い一方で、栄養バランスについてはあまり関心を示さない子がいることです。

お味噌汁に唐辛子を入れてダイエットだと言っているかと思えば、研修旅行先の朝食ブッフェでは、パンとごはんとホットケーキという炭水化物で取り皿をいっぱいにして満足している子もいます。

食事は体をつくるだけではなく、精神面にも影響を与えます。イライラや集中力の欠如につながることもあります。忙しくて料理に手間をかける時間が限られていても、栄養バランスだけは、気を配ってあげてほしいと思います。

私も両親が多忙で、手間のかかった母の料理を食べた記憶があまりありません。ただ、祖父が糖尿病だったこともあり、栄養バランスだけはたたき込まれていました。そのため、比較的手軽にでき、具だくさんで栄養バランスにとんだ鍋などを家族で囲むことが多かったことを覚えています。

また、自分のお弁当はもちろん、家族の料理をつくる機会もしばしばありました。

こうして身に付いた食生活が、今、体調を崩さず仕事ができる源になっているのだな、と親に感謝しています。

食育は家庭だけに押し付けられない

平成十七年に食育基本法が施行され、食育の大切さは広く知られるようになりました。食育という言葉は新しいものではなく、明治の文献に「体育・智育・才育はすなわち食育なり」とあるそうです。それだけ食と教育には密接な関係があるのですね。

それはさておき、食育を家庭教育の問題として、家庭に押し付けたり、親を批判したりしても意味がないと、私は考えています。なぜなら、親も子供も忙しく、現実問題として、食卓を家族で囲み、食についてコミュニケーションをとる時間が持ちづらくなっているからです。もはや、「食は親の責任」では片付けられないでしょう。

それを補塡《ほてん》するため、本校でもさまざまな食育に関する取り組みを行っています。たとえば、田植え体験や農家での宿泊体験などによって、食べ物が口に入るまでの長い道のりを知り、そこに携わる人々への感謝の気持ちを学んでいます。

豆乳から湯葉《ゆば》を、小麦粉から生麩《なまふ》をつくる実習では、加工食品の特徴を理解し、食品保存について学んでいます。ベビーフードを手づくりする実習では、酸化防止剤を使わないと変色する食品を目の当たりにして、驚きの声が上がります。

総合的な学習の時間で食育をテーマに活動している学年もあります。食品メーカーの工場を見学し、安全管理の手法についてレクチャーを受けたり、食の専門家を招いて講義を受けたりしています。

たとえば食文化研究家による、

「腐った味も覚えたほうがいい。いざというとき、身を守る感覚を磨くため」

「美しさは一人ひとりのオーダーメイド、その土台は健康」

という話に、生徒たちは真剣に耳を傾けていました。また、医学博士による、「サプリメントを取るにしても、一つのビタミンだけを摂取しても効果が少ない。相乗効果のある組み合わせが必要」

「ダイエットはカロリーのコントロールだけではなく、栄養素や、体のなかのホルモン分泌を考慮した食事時間を考えることが大切」

という話に、必死でメモをとっていました。

食という、誰にでも身近な話題だけに、栄養学や食文化はもちろん、環境問題、経済問題、化学や生物学など、さまざまなことに目を向けるきっかけにもなっています。

年中行事で自然や文化を意識する

日本には四季があり、美しいものがたくさんあります。日本人はそれを繊細な心で感じてきました。たとえば、おじいちゃんやおばあちゃんが、

「秋は、月がきれいだね」

と教えてあげれば、子供には毎年秋になると、

「月はきれいなもの」

と感じる心が養われます。

これは、道徳の授業で茶道を教えていただいている遠州流のお家元の言葉です。

美しいものを美しいと感じ、季節の移り変わりを楽しめる心は、形のない財

産です。そうした心があれば、ふと道端の草を見たとき、虫の音を耳にしたとき、あるいは、食卓に上《のぼ》る旬の食材に触れたとき、季節を感じ、自然とのつながりを実感できるでしょう。大人になって忙しい日常のなかで感じるそんな一瞬が心の余裕になります。

先ほどのお家元の言葉を受けて、本校では、校舎の片隅に「和のコーナー」というものをつくりました。そこには、生徒や教員の手によって、季節の花が飾られたり、二十四節気ごとに、「啓蟄《けいちつ》」「大寒《だいかん》」などと書かれた色紙が張り出されたりしています。私も、そこを通るたび、

「ああ、もうそんな季節になったのか」

とはっと気づかされています。うっとうしい雨の日に、「穀雨《こくう》」（田畑の準備が整い、それに合わせるように、柔らかな春の雨が降る頃）と書いてあるのを見て、なんだか雨が心地良く感じられたこともあります。

ご家庭であれば、年中行事を行うことが、季節感を意識する格好の機会にな

るでしょう。

自然に対する畏敬の念や感謝の気持ちなど、私たちの祖先が大切にしてきたものを無意識のうちに感じることができるうえ、節分や七夕などは、家族間のコミュニケーションの機会としても役に立つことでしょう。節目、節目にあるため、生活に張りをもたらす効果もあります。

お節料理、七種粥《ななくさがゆ》、柚子《ゆず》湯、菖蒲《しょうぶ》湯など、そのときはあまり深く意味を理解していなくても、子供の心の奥底には、自然に対する感謝の気持ちや、健康を気遣う親の優しさなどが刻まれていくと思います。


お母さんにとっては多少、手間のかかることに感じられるかもしれませんが、そんなに手の込んだことをしなくてもいいのです。お店で売られている七種粥セットでも、仮に七種が揃わなかったとしても、季節を味わう心の種を蒔くには充分だと思います。

ネット社会から子供を守る

「子供に携帯電話を持たせていいのでしょうか？」

という質問を多く受けるようになりました。家族との連絡に必要なご家庭もあるでしょうが、インターネット機能の使い方によってはリスクがあることも事実です。

たとえば、よく報じられることは、

「SNS[※1]で知り合った同年代の友人と会ってみたら二十歳年上だった」

「スマホゲームにはまって昼夜逆転し、身体が戻らなくなってしまった」

「プロフィール欄に個人情報を載せたら、ストーカーにつきまとわれた」

など。親はこうしたリスクがあることも知っておく必要があるでしょう。ネットの世界は法整備が追いつかないこともあり、被害者になってからでは遅いのです。

一方、親の知らないところで子供が犯罪加害者になることもあります。

「ちょっとしたいたずらのつもりで友だちの悪口を書き込んだら、あちこちに貼り付けられて消せなくなった」

「友だちのプロフィール画面のスクリーンショット[※2]を自分のSNSにUPして、個人情報をもらした」

など。ネット上の書き込みは、一瞬のうちに広範囲に広がり、消すことが不可能です。

だからこそ、親や教員は、そうした書き込みを見つけると強く叱るのですが、

「大人が子供の書き込みを勝手に見るなんて、他人の日記を読むのと同じじゃない」

と、憤慨する子供もいるそうです。ネットが全世界につながっており、自分が発信者になっているという認識がないのでしょう。

こうしたネットにまつわるさまざまな事故を未然に防ぐためには、スマートフォンを持たせる時点でルールをつくっておくことが必要です。たとえば、門限を設けるように、

「夜の何時以降は居間に置いておく」

というのはどうでしょう。なぜなら、スマートフォンを持つということは「家の中に外の世界がある」という状況をつくり出してしまうからです。

それでも心配な場合は、

「何歳になるまではフィルタリング※3をかける」

などをして有害情報から子供を守る方法もあります。

ただし、これはあくまで一時的な措置です。自転車から補助輪を外すようにフィルタリングを外す年齢になるまでに、ネットのマナーや、情報の真偽の取捨選択ができる力などを身に付けさせる必要があるでしょう。なかには、

「フィルタリングの外し方を知っているのは子供だけ」

といったご家庭もあるようですから、まずは、親が知識を深めるため、㈶イ

ンターネット協会の啓発映像や、『Yahoo! きっず』『LINE Safety Center』などの保護者向けページを、参考になさるといいかもしれません。

スマートフォンを持たせる場合は、メリット、デメリット、お子さんの年齢、ネットリテラシー[※4]や精神的な成熟度を考え、各ご家庭でルールをつくっておくことをおすすめします。

※1 ソーシャル・ネットワーキング・サービスの略。社会的ネットワークが構築できるサービス。コミュニティ型の会員制サービス。
※2 スマートフォンなどで表示された画面を写真として保存したもの。
※3 ネット上の有害情報などへのアクセスを一定の基準で遮断できる技術的機能。
※4 情報を取捨選択して活用するなど、インターネットを使いこなす能力。

第 2 章

家族のより良いコミュニケーション

親子の会話に
すれ違いはありませんか？

「言いたいことがあるのにうまく伝わらない」
「子供のために良かれと思ってしているのに、
から回りしてしまう」
こんな経験はありませんか。
もし、家族内がギクシャクしているなと感じたら、
親子の会話、夫婦の会話を、
少しだけ見直してみるといいかもしれません。

子供は叱られることを求めている

先日、廊下ですれ違った生徒の言葉遣いが乱れていたので注意しました。すると、その生徒は、すぐに言い直し、にっこりした表情で、

「ありがとうございました」

と言い、去っていきました。叱られたことに対して、

「すみません」

と謝るだけではなく、

「ありがとうございました」

と言える感覚が備わっていることを、とてもうれしく思いました。

「最近の子供は叱られる機会が減った」とか、「叱られ慣れていない」という

のはよく聞く話ですが、私は、

「子供たちは、叱られることを求めているのでは」

と感じることがあります。物の分別がつく年代になると、いけないと思いつつ行動してしまうこともあり、誰かに止めてもらいたいと潜在的に感じている子もいるのではないかと思うのです。

以前、本校教員の結婚披露宴に、サプライズゲストとして大勢の生徒が駆けつけたことがありました。その場で司会者が生徒に、

「先生のどんなところが好きなの?」

と質問したところ、

「厳しくて、優しいところ」

と答えていました。その教員は生徒に対して厳しい人でしたから、それまで私は、

「もしかしたら、生徒はこの教員の本当の良さに気づいていないのでは」

とも思っていたのですが、子供たちは、見るべきところはしっかりと見ていました。優しい教員だけではなく、自分のために厳しく叱ってくれる教員のことも大好きなのです。

親と子の関係においても同じことが言えるでしょう。

「私は、それが嫌いなの」とストレートに言う

親御さんも、私たち教員も、子供のことを叱ったり、注意したりするときは、「子供のために良かれと思って」という気持ちでいることが多いでしょう。

しかし、こんなこともあります。

あるとき職員室で教員に叱られ、その場では頷いて話を聞いていた生徒が、職員室を出た途端、友だちに、

「『お前のために』って、余計なお世話なのよね」

と言っているのを耳にしました。

これでは、「子供のために」という大人の思いは、子供に伝わらず、行動が

変わることもないでしょう。

むしろ、

「あなたのためにならないから、○○はしないで」

という叱り方よりも、

「私のために、○○はしないで」

という大人の主観や価値観に基づく、ストレートな言い方のほうが、子供の心に響くこともあるようです。


私の母は、食事を残されることを嫌う人でした。飲み込むと吐きそうになるくらい嫌いな食べ物でも、全部食べ終わるまで席を立つことを許しませんでした。

しかし私は、子供ながらにそれを受け入れることができました。それは、母から、

「戦争中は、食べたくても満足に食べられなかった。今もそういう思いをして

いる人がいる。私は、自分の子供を、食べ物を粗末にする人に育てたくない」

と、はっきり言われていたからです。

門限にも厳しい家庭でしたが、私がいくら、

「友だちの家はもっと遅く帰宅しても怒られない」

と訴えても、

「私の家にいる間は、家の決まりに従いなさい」

と自分の主観を全面に出した叱り方をしていました。


このような叱り方をする場合、「私」という主語を入れることがポイントになります。主語をつけることで、それが、親の主観や価値観に基づくものであることが強調されます。

「あなたのために言うけど、○○しないで」

との言い方には反発していた子供も、

「私のために、○○しないで」

と言われれば、

「それならば仕方がない」

と受け入れる気持ちになるでしょう。

子供の変化と小さなサイン

大人から見れば取るに足らないようなことを、お子さんが話しかけてきたとき、どのような対応をされていますか。

子供は、親や教員に相談したい悩みがあるとき、いきなりそれを打ち明けてくるとは限りません。むしろ、悩みが大きいほど、小さなことから話を切り出す場合があるのです。

大きな悩みはいきなり口に出しにくいですし、些細《ささい》なことでも相手が真剣に受け止めてくれるのかどうかを無意識のうちに確かめているのでしょう。

ですから、取るに足らない話のように感じたとしても、

「なあに」

と耳を傾けることが大切です。その際、三つのポイントがあります。

「顔を見ながら聞く」

「途中で話をさえぎらない」

「話を聞きながら、『どう反論しようか』『どうアドバイスをしようか』など、自分の心のなかで自分と会話をしない」

この三つを守ると、子供はより安心すると思います。


子供が問題を起こしたとき、振り返ってよく考えてみると、

「そういえばあの頃、こんなことがあったな」

と思いあたることがあるものです。たとえば、

「食事の量が減った」

「服や持ち物の趣味が変わった」

「外出が多くなった」

という現象も、問題の芽が出つつあるサインかもしれません。大人が気付かないだけで、ＳＯＳは発信されているのです。

子供の小さな変化を見逃さず、また、些細なことにも耳を傾けることで、後々大きくなっていくかもしれない問題の芽を事前に摘み取ることができるでしょう。

やる気を促す問いかけ、やる気をくじくひと言

「今やろうと思っていたのに、お母さんが余計なことを言うから、嫌になった」

と言われたことはありませんか?

子供は、大人からアドバイスをされたり、指示されたりすると、かえってやる気をなくしてしまうことがあります。まして、そのタイミングが、本人自身、「やらなくては」と腰を上げようとした瞬間に重なってしまうと、ますます、やる気はそがれてしまいます。

ある生徒が、

「自分に合った問題集を見つけ、明日にでも買いに行こうと思っていた矢先に、親からその問題集を手渡され、その瞬間にすっかりやる気をなくしてしまっ

た」

と言っていました。

24ページでもお話ししましたが、子供にとって、「自分で選ぶ」ということは、やる気につながる大切な過程なのです。

とはいっても、子供がなかなか腰を上げないと、つい、行動を促したくなることもあるでしょう。そんなとき、子供のやる気をそがないような問いかけ方があります。

たとえば、部屋を片付けたがらない子供がいたとします。

「掃除をしなさい」

と命令形で言っても、動きそうにありません。そんなときの問いかけは、

「掃除は今日する？　それとも明日する？」

と選択肢のある疑問形で聞くようにしてみます。

この場合、答えは、「今日する」か「明日する」かのどちらかになるはずで

す。おそらく、先延ばしをして、「明日する」と答えることが多いでしょう。しかし、少なくとも自分の意思で、「明日、掃除をする」ことを選択したわけです。単に、「掃除をしなさい」と命令されたときと比べて、掃除をする可能性は高まるでしょう。

この問いかけ方には二つのポイントがあります。一つは、質問の段階で掃除をすることを前提としている点。もう一つは、自らの意思による選択を促している点です。

先ほど、この問いかけに対する答えは、「今日する」か「明日する」のどちらかになるはずと述べましたが、「今日も明日もしない」という選択肢もあるでしょう。

この問いかけ方は、さまざまな場面で活用できます。たとえば、「宿題を終える前に話したいことがあるの」

と言えば、宿題をすることが前提になるし、

「あの参考書とこの問題集、どっちから先に手をつける？」

と聞けば、両方やることが前提となります。また、

「何か、悩んでいることない？」

と聞くと、「ない」と答えたくなりますが、

「悩んでいることは何？」

と悩みがあることを前提に聞けば、打ち明けやすくなるかもしれません。

聞き上手になる三つの方法

会話をしていて、自分の気持ちがなかなか相手に伝わらず、もどかしい思いをするときがあるかもしれません。そう感じたら、少し会話を振り返ってみてください。

自分が話していた時間と相手が話していた時間のどちらが長かったでしょうか？

話すのに夢中で、相手の話はあまり聞いていなかったということはありませんか？

私など、振り返ってみると反省することしきりです。

コミュニケーションで大切なのは、まず聞くことです。ここでは、よくいわれる、簡単かつ効果的に聞き上手になれる、三つの方法をお伝えします。

一つ目は、相手の発した言葉を受け止め相手に返すことです。たとえばお子さんが、

「今日、電車が遅れて、遅刻しそうになったので走った」

と話したとします。そんなときは、

「そう、電車が遅れたんだ。走ったんだ」

など、相手の言葉を受け止めてそのまま返します。

つい口を挟《はさ》みたくなっても、ぐっと我慢します。たとえば、

「○○ちゃんと喧嘩しちゃった」

という話であれば、

「なんで喧嘩なんかしたの」

と、言いたくなりますが、そこはこらえます。責めるような態度を見せると、相手はその時点で、話す気をなくしてしまうでしょう。一方、

「そう、喧嘩をしたんだ」

と、ありのままを受け止めると、「私の話をきちんと聞いてくれているな」

という安心感が生じ、次の言葉が出やすくなりますし、自分の発した言葉が戻ってくることで、自然と内省が促されます。

二つ目は、話を聞くとき、さりげなく相手の動作を真似してみることです。わざとらしいと逆効果ですが、手振りや姿勢など、似たような動作をすることで、相手は無意識のうちに、一体感を感じるといいます。気の合う友だちや恋人同士を観察してみてください。自然と似たような動作をしていることがあることに気づくでしょう。

三つ目は、相手のペースやトーンに合わせることです。子供がゆっくりと話しているのに、親が、忙しいからといって早口で返事をしたり、また、相手が興奮気味に話しているのに、こちらが落ち着いていたりすると話が止まってしまいます。自分のことを分かろうとしてくれていないのだという気になるのでしょう。

このときのコツは、相手が息を吸ったり吐いたりするタイミングをよく見て、呼吸を合わせていくことです。

会社などでクレームの電話を受けたとき、冷静沈着な話し方をする人が対応すると、かえって事態が悪化することもあるそうです。相手にしてみれば、「事の重大さを理解していない。いい加減に扱われているのではないか」と感じてしまうのでしょう。こうした際は、最初のうちは、多少大袈裟でも、「えっ、そうなんですか！」と、相手のペースやトーンに合わせ、徐々に落ち着いて話せるようリードしていくと、いい結果をもたらすという話を聞いたことがあります。

この三つはカウンセリングの手法ですが、これを行うことによって相手の話をより深く聞くことになります。聞き上手の近道とも言えるのです。

その言葉、どういう意味で使っているの？

入学したての中学一年生に、

「友だちから、どんな言葉を言われたら傷つく？」

と聞いてみたことがあります。すると、「キモい」という言葉が挙がったため、

「キモいと言われて嫌な感じがする人は？」

と全員に確認したところ、意外なことに、「そうでもない」という生徒も、かなりの人数いました。もちろん、誰に言われたのか、どういうニュアンスで言われたのかによって、印象は異なるでしょうが、言葉自体には、それほど抵抗を感じていない生徒もいるようです。

私は次のように話を続けました。

「このように、自分は悪気なく使っているつもりでも、相手を傷つけてしまう言葉があると知っていることが大切です。逆に、もし友だちから嫌な言葉を言われたとしても、相手にはそれほど悪気がない場合もあるから、思い悩まないで。そして、自分はその言葉が嫌いだと、はっきり伝えるようにしましょう」

このように、同じ言葉でも、人によって受け取り方が違うことはよくあります。たとえば、「ヤバい」という言葉に、どのような印象を持ちますか？

私は、困ったときや失敗しそうになったときに使う品のない表現という印象を受けます。けれど、最近の子は、

「このお菓子、超ヤバい」

というように、「美味しい」という意味で使うこともあるようです。

こうした世代間に起こりがちなギャップもあれば、関西と関東では言葉のニュアンスが異なるなど地域間のギャップもあります。

親子や夫婦で会話をしていて、突然、話がかみ合わなくなったら、

「それってどういう意味で使っているの？」

と、確認してみるといいかもしれません。

嫌な言葉を交換してみる

「同じ言葉でも、人によって受け取り方が違うもの」

「悪気はなくても、相手を傷つけてしまう言葉がある」

と前項で述べました。そのことを生徒に効果的に体感してもらおうと実施したエクササイズがありますので、紹介します。


まず、全員に二枚ずつ用紙を配り、友だちから言われたら嫌な気分がする言葉と、うれしい気持ちになる言葉を一つずつ書いてもらいます。

いったんそれを回収してシャッフルし、再度全員に配ります。そして、三人以上のグループに分かれ、配られた用紙に書かれてある二つの言葉について、

「なぜ、嫌な気分がするのか」

「なぜ、うれしい気持ちになるのか」

を、自分のこととして説明します。

用紙をシャッフルするのには二つの理由があります。一つは、シャッフルをせず、自分の気持ちをグループ内で発表するとなると抵抗感が生まれるからです。

もう一つは、他人の立場で物を考えてもらいたいからです。用紙に書かれてあるのは自分の言葉ではありませんから、最初のうちは話しにくいかもしれません。しかし、

「これを書いた人は、なぜ、この言葉が嫌なのだろうか」

と深く考えていくうち、不思議とその人の気持ちに近づいていきます。

喧嘩したときなど、よく、

「相手の立場になって考えてみなさい」

と親や教員から言われますが、相手の立場にはなかなかなれるものではありません。けれど、こうしたゲーム的な要素が加われば、感情移入しやすくなり

ます。

グループ内での発表を一通り終えたら、そのなかから、もっとも嫌な言葉と、もっともうれしい言葉を決め、代表者がクラス全員の前で発表します。その頃になると、他のグループの代表者の発表に対して、

「分かる、分かる」

と共感の声が一斉に上がったり、

「なるほど、そういう言葉でも人は傷つくのか」

と理解できたりするようになっています。


このエクササイズは、家庭内で実施しても面白い効果が生まれるかもしれません。先ほどと同じ要領で、家族から言われたら嫌な言葉とうれしい言葉を各自記入して、交換してみます。

そして配られた用紙に書いてあることを自分の気持ちのように説明してください。

すると、たとえば、お母さんがお父さんから言われたら嫌な言葉を、子供が自分のことのように話すというケースも生まれてくるわけです。お母さんにしてみれば、

「この子は、私の気持ちを分かってくれている」

というように、ひと言ひと言が「思いやりの塊」のように聞こえてくると思います。

会話に隠れた「省略」や「思い込み」

引き続き、コミュニケーションにおいてしばしば起こる行き違いについて、典型的な例を挙げてみます。たとえば、子供が親に対して、

「○○ちゃんがひどいんだよ」

と言ったとします。ここには、何がどのようにひどいのかなど、具体的な内容が省《はぶ》かれています。意地悪がひどいのか、約束を破ってひどいのか、分かりません。

また、親が子供に対して

「あなたは努力が足りない。もっとがんばれ」

と言ったとします。これも、何に比べて、どう足りないのかが分かりませんし、どのようにがんばればいいのかも分かりません。

このように、親しい人同士の会話では、言葉が省略されがちです。いずれもなんとなく言いたいことは分かりますが、この「なんとなく」が困りものです。分かったつもりでいる分、後になって、「こんなはずではなかった」となってしまいます。

こうしたミス・コミュニケーションを防ぐには、話のなかで省略されている部分は何かを、その都度、質問で確認することが必要です。

また、人は無意識に思い込みで話をすることがあります。

たとえば子供が、

「あの子と会うと嫌な気持ちになる」

「お父さんは分かってくれないに決まっている」

「私にはできっこない」

など、自分で因果関係をつくったり、憶測で決めつけていたりしたら、

「どうしてそう思うの？」

「誰が決めたの？」

と、事実を一つずつ質問で確認していきます。質問をしていくうちに、自分の思い込みが必ずしも事実ではないことに気づくでしょう。

ほかにも、「みんなが」「いつも」「絶対に」などの言葉が出てきたら、「誰が？」「いつ？」などと質問していきます。自分の頭のなかにできた世界を現実に照らすことで、無意識のうちにつくっている鎖を解いてあげられるかもしれません。

親同士の悪口がトラウマに

私がよく保護者会の席で言うことがあります。それは、

「お子さんの前で、大人同士の悪口は言わないようにしましょう」

ということです。たとえば、

「パパは家のこと、気にしてくれない」

「ママはだらしない」

というように、お子さんの前で親が互いの悪口を言ったり、愚痴をこぼしたりすることはないでしょうか？


そのときは、お子さんが味方になってくれることもあるかもしれません。しかし、そうやって、ずっと悪口を聞かされてくると、いつしか親のことを軽ん

じるようになるでしょう。そうなると、反抗期になり何か問題が起こって、いざ、

「お父さんに叱ってもらおう」

「お母さんに任せよう」

と思ったとしても、効き目がなくなってしまいます。

大人同士の悪口は、結局は、互いの権威をつぶしてしまうのです。

そもそも、両親が互いの悪口を言うことは、子供にとって気持ちの良いものではありません。

子供にとっては、どちらも自分の親であり、それが否定されることは自分が否定されたような気持ちになり、それがトラウマになる危険性もあります。

大人はその場の感情でぶつかっても、後で切り替えがきくかもしれません。しかし、子供の心には、そのときの言葉や光景が残ってしまうことがあるのです。

なかには、そういったいさかいの原因が自分にあると思い込んでしまう子もいます。

家族間のトラブルは弱いところ、つまり子供に出てしまうことがあることを知っておいてください。

兄弟姉妹との比較が引き起こす問題

あるとき、問題行動を起こすようになった子供の親御さんから、どうしたらよいかと相談を受けました。しかし、話をよく聞いても、ご家庭や学校に、とりたてて原因と思われることが見当たりません。そこで、

「お子さんは他にいらっしゃいますか？　どんなお子さんですか？」

と尋ねてみました。すると、

「医学部に通っている姉がいて、将来はうちの病院を継ぐと言ってくれているんですよ」

と、うれしそうに語り始められたため、

「これが原因かな」

と思い、

「もしかしたら、お嬢さんはお姉さんに引け目を感じているということはありませんか？」

と聞きました。すると、心当たりがおありのようで、はっとされていました。

このように、兄弟姉妹が優秀なとき、あるいは受験期など、一人の子に親の手が掛かるとき、

「愛情が欲しい」

という気持ちの裏返しによって、問題行動を起こすケースがあります。

子供は兄弟姉妹と自分を比較しがちです。親御さんは子供に分け隔てなく接しているつもりでも、必ずしも子供がそう受けとるとは限りません。

ましてや少しでも親に、片方に期待を寄せるような感情があり、それをうっかり口に出してしまったりすると、子供の心にはかなりこたえるでしょう。

子供の話にはフィルターがかかっていることも

私が子供の頃、教員をしていた母に、

「○○ちゃんにいじめられた」

と訴えると、決まって、

「あなたは○○ちゃんに何をしたの？　本当はあなたのほうが悪いんじゃないの？」

と聞かれました。そんなとき私は、

「なんてひどい親なんだろう。自分の子供のほうを疑うなんて」

と悲しい思いをしました。けれど、教員になって、そのときの母の気持ちが想像できるようなことがありました。

お子さんから「○○ちゃんにいじめられた」という訴えを受け、すぐに相手の親御さんに抗議の電話をしたお母さんがいました。ところが、事実とは異なることが分かりました。

そこで、「なんで、そんなことを言ったの？」と、お子さんに問いただしたところ、妹にやきもちを焼き、自分に振り向いてほしくて、つい、学校で起こった話を大きくしたということが分かったのです。

あのとき母は、このようなケースを想定していたのだと思います。私の一方的な話を鵜呑みにして、友だちのお母さんや先生に向かってしまっていたら、少しでも話が事実と違っていたとき、相手に迷惑がかかるだけではなく、私自身が困ることを予想していたのでしょう。

子供の話には、親の愛情を求めて、無意識にフィルターがかかってしまうことがあります。このことを知っておくと、余裕を持った対応ができるかもしれません。

また、子供には親が知らないさまざまな顔もあります。家ではわがままで心配だという子が、学校では友だちに親切な生徒であることもあり、その反対のこともあります。子供なりに精神のバランスをとっているのでしょう。

フィルターの話同様、そのことも心にとめておくことで、突然、自分の知らない子供の顔に出合ったとしても、慌てることなく対処できるのではないでしょうか。

「がんばるときだけ応援する」というスタンスも

本校は運動部の活動が盛んということもあり、世界レベルの活躍をしてきた選手のお母さんと話す機会もあります。そんな会話を通じて、子供との接し方に、いくつかの共通点があることに気付きました。それは、次の三点です。

・競技に関してはコーチに任せ、自分はサポートに徹する。
・子供がコーチの悪口を言っても同調せず、コーチによく相談する。
・子供が本当に困っているとき一緒に動揺しない。

なかでも、サポートに対する考え方には興味深い共通点がありました。ひと言で言えば、

「がんばるあなたのことは応援する。がんばらないあなたは応援しない」

というスタンスなのです。

子供が本気でがんばっているときは、お弁当づくりから試合会場への送迎まで、一所懸命にサポートする。試合の結果に関係なく、努力する姿勢を評価する。

けれど、スランプや、賞を取った後の燃え尽き症候群などによってやる気が失せたり、怠けたりする時期は応援もしない。強制的に練習に追いたてることもしないといいます。

「がんばらないあなたのことを否定するわけではなく、ありのままに受け入れるけれど、無理に応援もしませんよ」

という態度。仮に、子供が競技活動をやめると言い出しても、

「ああそう、やめるの。じゃあお弁当は自分でつくってね」

といった接し方をするらしいのです。

小さい頃は、子供が泣こうがわめこうが、強制的に練習させることもあった

そうですが、ある時点から、本人の意思を尊重するスタンスに切り替わったとのこと。

子供を自己実現の対象にするわけではなく、あくまで、親子は別人格。親はただ、子供のがんばる気持ちを応援しているという姿勢です。

これはトップレベルの選手の子育て例ではありますが、一般の家庭でも参考になるかもしれません。

過程を話したがる人と結論を優先する人

――話がかみ合わない原因①

夕食後の団らんの席で、

「今日はこういうことがあったの。その後、こういうことをしたの」

というように、その日の出来事を時系列で話し続けるお母さん。それに対して、

「それで？」

「結論は？」

と話の腰を折ろうとするお父さん。そんな光景、目に浮かんできませんか。

人の話し方は、大きく二つのパターンに分けることができるといいます。

「ああして、こうして……」

と、プロセス（過程）を話したがる人と、結果や結論を重視して話す人です。ここでは便宜《べんぎ》上、前者をプロセス型、後者を結果型と呼ぶことにしましょう。

結果型の人から見れば、プロセス型の人の話し方は、くどく感じがち。

「結論やオチのない話がいつまで続くのか」

とイライラしてしまうのでしょう。

一方、プロセス型の人から見れば、結論を急ぐ結果型の人の話し方は冷たく感じられることもあるようです。結果に至るまでのプロセスをじっくり聞いてほしいのに、あるいは、プロセスを聞いてもらうこと自体が結論であるともいえるのに、

「それで？」

「結論は？」

と急《せ》かされたら、

「じゃあ、いいわよ」

と話を切り上げるしかありませんよね。そんなことが続くと、会話をするこ

とさえ苦痛になってしまいます。

たとえ家族間であっても、そうした違いがあることを認識したうえでコミュニケーションをとると、会話がこれまで以上にスムーズに進むと思います。

さて、あなたはどちらでしょう?

私は仕事では結果型、家庭ではプロセス型です。

理詰めで話す人と感覚で話す人

――話がかみ合わない原因②

人のコミュニケーションのパターンは、「聴覚タイプ」「視覚タイプ」「体感覚タイプ」に分類できるともいわれているそうです。

聴覚タイプは、言葉を頭のなかで文字情報として処理する人。

「私はこう思います。なぜなら……」

というように、論理的で理路整然とした話し方が特徴で、自分の会話を頭のなかで確認しながら、うんうんと頷《うなず》きながら話すことがあります。

視覚タイプは、頭のなかに映像が浮かび、物事をイメージとして捉える人。

特徴は、話題が飛びやすいこと。頭のなかで映像がパッと切り替わっているのでしょう。

「話が見えない」

といった言葉遣いをすることがあり、映像を追いながら、手のひらを下に向けてジェスチャーをしがちです。

体感覚タイプは、身体の感覚で話す人。自分の感覚や感情をゆっくりと確かめるように話すため、ドーンとかワクワクなど擬声語や擬態語が多いのが特徴です。わき上がる感情を表現する際、手のひらを上にしてジェスチャーをすることがあります。


三つのタイプに優劣があるわけではありません。また、「あなたは聴覚タイプ、あなたは視覚タイプ」と、きれいに分類されるとは限りません。どんな人も、三つの要素を併せ持っていて、人によって、その比重に偏りがあるのです。

そして、その比重が極端な人同士が話すと、話がかみ合わなくなることがあります。

聴覚タイプの人は、体感覚タイプの人の感覚を重視した話し方に、

「で、何が言いたいの？」

とイライラし、また、視覚タイプの人の説明なしに場面が変わる話し方に、

「今の話の主語は？」

といちいち確認したくなるでしょう。

一方、体感覚タイプや視覚タイプの人は、聴覚タイプの人に理屈っぽさ、窮屈さを感じるかもしれません。


こうしたことを知ってから人のスピーチを聞いてみると、

「心に伝わる話をする人は、どのタイプの聴衆にも配慮した話し方をしているな」

と感じます。以前、知人とスピーチの練習をしていたところ、

「あなたの話し方は理路整然としていて分かりやすい。けれど、心に響かないし、好感が持てない」

と言われたことがありました。私自身は、どちらかというと聴覚タイプで、

その知人は体感覚タイプでした。

この経験から、きちんと話すより、相手に気持ちが伝わるように話すことの大切さを意識するようになりました。

日常の会話でも、

「話が合わない。話が通じない」

と感じたら、それは話し方の違いが原因かも。

そこに配慮することで、コミュニケーションがこれまでより円滑に進むかもしれません。

危険回避型の人と目標達成型の人

――話がかみ合わない原因③

中学受験を前に、受験校選びをする際、夫婦で意見がぶつかるという話を耳にします。限られた試験日程のなかで、たとえば、お母さんは、極端な冒険を避け、安全圏にある学校中心でいきたいのに、お父さんは、難関校ばかりチャレンジさせたがる、というようなケースです。

こうしたケースでは、感情的な対立に発展する場合があります。

「チャレンジさせてあげよう。いざとなったら近所にいい公立もあるじゃないか」

というお父さんの発言に、お母さんは頭にきて、

「本当にあなたは子供のことを考えているの！」

と、喧嘩になってしまうこともあるでしょう。

けれど、お父さんが、子供のことを考えていないわけではありません。両者とも、子供を幸せにしたいと願う気持ちは共通に持っています。ただ、物事に対する取り組み方が違うだけなのです。

同じことを前にしても、

「危険はないだろうか」

「こんなことが起こったときはどう対処しよう」

と、リスクが気になり、それをいかに回避するかを考える「危険回避型」の人と、

「そんなのやってみなくては分からない。まず一歩踏み出そう」

という「目標達成型」の考え方の人がいます。

往々にして、両者は感情的にぶつかりがち。危険回避型の人は目標達成型の人を、

「思慮が浅い」

「懲りない」

と感じるし、目標達成型の人は危険回避型の人を、

「勇気がない」

「マイナス思考」

などと感じてしまいがちです。

どちらがいい、悪いというのではありません。むしろ協力し合うことで、最高の成果が発揮できる場合があります。

目標達成型の人は、ともすればリスク管理が苦手なため、危険回避型の人の慎重な対応に救われることもあるでしょう。一方、危険回避型の人が一歩踏み出せず躊躇しているとき、目標達成型の人の前向きな姿勢に助けられることもあるでしょう。

受験校選びにしても同様です。両者がうまく協力することによって、限られた入試日程のなかで、安全圏にある学校から、チャレンジ校まで、バランス良

く選択でき、願った以上の成果が得られるかもしれません。

そう考えると、タイプが異なって気が合わないと感じる人ほど、自分にとって必要な人ともいえるでしょう。

第 3 章

意識を変えるカウンセリング・エクササイズ

視点を変えるだけで気持ちが楽になる

お子さんやご家族に対して、
ときには、腹立たしい気持ちになることがあると思います。
けれど、少しだけ、意識を変えてみると、
相手の見方が変わり、自分の気持ちが楽になることも……。
と分かっていても、どうしたらいいのでしょう。
そこで、私がカウンセリングを学び実践してきたことのなかから、
手軽に行え、効果も高いと感じたエクササイズを中心に紹介します。

※エクササイズの方法や考え方は、NLP研究所で学んだことをベースにしています。

見方を変えれば、短所も長所に感じてくる

「チューリップの花を頭のなかで思い描いてみてください」

と言われたら、どういう構図を思い浮かべるでしょうか。恐らく、多くの人は、チューリップを横から見た構図を思い描くと思います。けれど、真上から見たらどうでしょう。同じチューリップでも違う花に見えますよね。

人は、知らず識らず、「フレーム（額縁）」を掛けて、物事を自分の見方で捉《とら》えています。それによって同じ物事でもまったく違って見えるのです。

人とのコミュニケーションも同じです。相手を無意識に自分の「フレーム」で見ていたものを違う方角から覗くことで、以前とは随分異なった印象を、持つことになるでしょう。

そのことを実感してもらうために、以前、私が生徒に対して行ったエクササイズを紹介します。

まず、二人一組になり、自分が短所だと感じていることを相手に話します。

「私は、何でも先延ばしにしてしまいます」

など、何でも構いません。言われたほうは、

「そうですか。あなたは先延ばしをする人なのですね」

というように、まずは相手の話を受け止めます。そのうえで、短所を長所として捉え直し、返してあげます。

多少、無理な解釈になっても構いません。相手の短所を長所と捉え直そうと懸命に考えることによって、

「物事は、視点を変えれば、いろいろな見方ができるものだ」

ということに気づくことが、このエクササイズの一つの目的だからです。

このとき、相手の生徒は、

「そして、物事を慎重に進める人でもありますね」

と答えていました。

「そして」という接続詞でつなぐことがポイントです。「しかし」でつなぐと、「先延ばしをする」ことを否定しているような印象を与えます。

一方、「そして」でつなぐと、相手の言葉を受け入れたうえで、別の見方もできるということが、より伝わります。たとえば、

「あなたは怒りっぽい人なのですね。そして、感情を素直に表現できる人でもありますね」

「あなたは協調性がない人なのですね。そして、自分の意見をしっかりと持つ人でもありますね」

というように。

実は、先ほどから挙げていた例は、ある生徒と組んで行った私の実際の会話です。

私は「先延ばしをすること」を自分の欠点だとずっと感じていました。しか

し、相手をしてくれた生徒は、そのことを受け入れ、しかも、「物事を慎重に進める人」と、「フレーム」を掛け直してくれました。

自分で行った授業であるにもかかわらず、うれしかったことを今でも覚えています。

家族の行動に、ついイライラするときは

「なぜ、あの人はいつも家でゴロゴロしているのだろう」

「なぜ、部屋を汚したまま、片付けようとしないのだろう」

など、家族の日頃の行動に対し、腹が立つことはありませんか。私も、つい自分のことを棚に上げ、夫に対して、そんな気持ちになることがあります。そんなとき、

「そうした行動をすることで彼は何を得ているのだろう」

と、その人の行動のもとになっている肯定的な価値観に意識を向けることで、腹立たしい気分がおさまり、相手を尊重する気持ちになれることがあります。

とはいっても、

「相手の価値観って何だろう」

と自分に問い掛けてみても、なかなか思いつかないでしょう。そんなとき、以下の方法を試してみてはどうでしょうか。

まず、相手のことを思い浮かべ、その人が日頃から大切にしていることや時間の使い方を十個書き出してみます。たとえば、

「テレビを見ながら、横になること」

「朝食にすぐに手をつけずに、ゆっくりと新聞を読むこと」

などです。十個思いつくのは難しいかもしれません。私もやってみて、五つくらいで手が止まり、

「毎日一緒にいるのに、意外と相手のことを見ていないんだな」

と気付かされました。

次に、リストアップした項目について、なぜ、相手はそうした行為や時間を大切にしているのだろうかと、背景にある価値観をじっくりと考えてみます。

すると、たとえばこの場合、

「この人は、『間《ま》』を大切にしているのだ。心に余裕を持っていたいのだな」という価値観が浮かび上がってくるかもしれません（本人に直接確認するわけではないので、それが当たっていなくても構いません）。

面白いことに、リストアップした十の項目は現象面としてはバラバラでも、もとをたどると一つの価値観に集約されていくことがあります。

自分がしてほしくない行動を相手がすると、見ているだけでイライラすることがあるでしょう。この場合は、

「ボーッとしている時間があれば、家事の一つでも手伝ってほしい」

と思っていたかもしれません。けれど、

「この人は、『間』を大切にしているのだな」

という価値観のところまでたどり着くと、それまでは快く思っていなかった行為や仕草などに対して、腹が立たなくなってくるから不思議です。

「相手の立場」になるエクササイズ

家族間で感情的に対立し、話し合っても平行線のままという場合はありませんか？　相手の立場にたって考えられると、対立も収まるのでしょうが、そう簡単にできるものではありません。

これから紹介するのは、そんなときに役立つエクササイズです。

まずイスを二つ用意します。それを向かい合わせにして、一つには自分が座り、もう一方には相手が座っているようイメージします。

本校の養護教員が、教員や生徒に対してこのエクササイズを行う場合は、イメージを膨らませやすいように、相手の席にはぬいぐるみを置いておくそうです。

次に、そのぬいぐるみに対して、日頃、自分が抱いている気持ちを一方的に話します。怒ったり、泣いたり、感情を思いっきりぶつけて構いません。

さて、その作業を終えたら、一度席を立ち、深呼吸をします。イスとイスの間に立ち、いったん第三者の立場になり冷静になってから、その後、もう一方の席に移動します。

そして、今度は相手になったつもりで、先ほどまでいた席に座っている（ように見える）自分に向けて、反論を開始します。ゲームだと割り切り、散々に悪口を言って構いません。ただし、その後に相手（自分）を評価している点も口に出します。

反論が終わったら、再び第三者の立場となり、客観的に両者を眺め、二人の関係がどのように変化したかを口に出してみます。エクササイズはこれで終了です。

私は最初、

「こんなことで、効果が出るのかな」

と思いながらこのエクササイズを試しましたが、やってみると、

「そうか、相手はこういう気持ちだったのだな」

とはっとし、同時に、

「自分は、こういう理由で相手に怒りを感じていたのだ」

ということにも気付かされました。

騙されたと思って一度やってみてください。不思議と、相手に対する見方が変わり、これまでの関係が改善されるかもしれません。

「認めてほしい」という本心の裏返し

「子供が、言うことを聞かないのですが、どうしたらいいでしょうか？」

「親に反抗的な態度ばかりとるのですが、どうしたらいいでしょうか？」

という相談をよく受けます。

親は子供のためを思って言っているのに、反抗的な態度をとるのですから困ってしまいますよね。

そんなとき、私はこんな提案をすることがあります。

子供が一見、否定的とも思える行動をした場合、現象面だけを捉えて叱ったり、諭したりする前に、

「○○したい」「○○してほしい」

というプラスの言葉で子供が答えられるような質問をしてみてはどうでしょ

う。

「なぜ、そんなことをしたのか？」

と問い詰めるのではなく、

「本当はどうしたかったの？」

と聞いていきます。

人の行為の奥には何らかの肯定的な意図があるといわれています。一見するとネガティブな行動や態度であっても、その背後には、「こうしたい」「ああしてほしい」といったポジティブな意図が隠されていることが多いのです。

たとえば、子供が親に口答えをしたり、反抗的な態度をとったりする場合、その心の奥底には、

「認めてもらいたい」

「分かってもらいたい」

「愛情が欲しい」

という気持ちがあるかもしれません。

隠された意図は必ずしも、本人自身が自覚していない場合もあります。ですから、焦らず、根気よく聞いていきます。そのうち、

「実は、こういうことがしたかったのだ」

「こうしてもらいたかった」

という本音が出てくるでしょう。

叱って、禁止することで、一時的に問題行動を抑えることはできるかもしれません。しかし、その奥にある本当の原因を知らなければ、根っこが同じ、別の問題が新しく起きてくることもあるでしょう。

「本当はどうしたいのか」

それを知ることが大切です。

質問の繰り返しで、隠された意図が浮かび上がる

「一見、ネガティブな行動でも、その背後にはポジティブな意図が隠されている」

と前項で述べました。そのポジティブな意図を明らかにするためには、

「それをすることで、どんないいことがあるの？」

「それをしてあなたが得ているものは何？」

と繰り返し聞いていきます。

たとえば、遅刻を繰り返す子供がいたとしたら、

「遅刻することでどんないいことがあるの？」

「遅刻をすることで得ているものって何？」

などと聞いてみます。

最初のうちは、

「別に得ているものなんかない」

という、そっけない返事が返ってくるかもしれません。けれど、相手の心によりそいながら、何回も聞いていくうちに、

「ゆっくりと休める」

「解放感が感じられる」

「親に構ってもらえる」

といった、本人さえ意識していなかった隠された意図が浮かび上がってくることがあります。

遅刻という行動は一つであっても、その背後には、子供によってさまざまな意図がある。だから、遅刻を減らすために目覚まし時計を増やしたところで、根本的な解決にはならない場合があるのです。

そんなときは、浮かび上がってきた意図を、別な形で満たすことを考えます。

たとえば、解放感を感じたくて遅刻をしているのならば、子供が何を窮屈に感じているかを探し、これまで親が強制してきたことのなかから一つだけ子供に選択権を与えてみてはどうでしょう。

その悩み、本当は誰の問題？

こんな話を聞いたことがあります。

ある日、お子さんが、これまでの友だちとは違う、かなり派手な身なりの子を家に連れてきました。お母さんはびっくりして、

「悪い影響を受けなければいいが」

と悩んでしまいました。

そんなとき、知人のカウンセラーのアドバイスによって、

「そのことが、自分にとってなぜ問題なのか？」

と、じっくり考えるようにしたといいます。

すると、そのお母さんにとって、もっとも嫌なことは、

「自分の娘の管理もろくにできない母親」

と、人から思われることなのだと気づきました。

考えてみれば、お母さん自身は、

「娘がいろいろなタイプの友人と付き合うのも、そう悪いことではない」

という価値観を持っていたのです。

自分にとって本当は何が問題であったかに気付いたことで、そのお母さんは、すっきりした気持ちになれたそうです。


このように、自分（親）の問題なのに子供の問題だと思い込んでいたり、逆に、子供の問題なのに自分の問題だと思い悩んだりすることはよくあるようです。

そんなときは、絡《から》まった糸を解きほぐすように、

「自分にとって本当は何が問題なのだろう？」

と突き詰めていくことが、解決への近道になることがあります。

子育てに悩む多くのお母さんと接してきましたが、最初こそお子さんの問題

について話していたつもりが、問題を整理していくうち、

「実は……」

と別の話に展開していくことがありました。そうやって本当の問題にたどり着くことで、その問題に対する解決策が導き出されるのです。

もし働くことに負い目を持っていたら……

ある知人の話です。

彼女には保育園に預けているお子さんがいましたが、仕事が忙しく、迎えに行く時間が遅くなることを気にしていました。そして、迎えに行くたびに、

「遅くなってごめんね」

とお子さんに謝っていました。

そんなことが続いていたとき、彼女はカウンセリングの勉強を始めたのです。

そして、そこでの学びを活かし、子供に対する言葉の掛け方を意識してプラスに変えるようにしました。迎えに行くのが遅くなったとき、今までのように、ただ謝るのではなく、

「ママ、今日も一所懸命がんばって、お仕事をしてきたよ」

という前向きな言い方をするようにしたのです。

すると、お子さんはにっこりして、

「ママ、がんばったね」

と言ってくれるようになったそうです。

お母さんが謝ってばかりいると、子供も、

「ああ、そうなのか。うちのママは、友だちのママと比べてよくないのだ」

と思い込んでしまうかもしれません。でも、このように話すことで、前向きに捉えてくれるようになったのです。


今はこういう考え方をする人は減ったようですが、仕事が忙しく、子育てにあまり時間を割《さ》くことができないお母さんから、

「私は、仕事のために子供を犠牲にしているのかもしれない」

という言葉を聞くことがあります。特に、子供の教育に関して、こうしたい、ああしたいという理想が高い人ほど、もどかしさや引け目を感じるようです。

確かに、子育てを時間という軸だけで比べたら、

「時間をたっぷり使えるお母さんにはとても敵《かな》わない」

という気持ちになるのも分かります。けれど、ないものを嘆くよりも、あるものを活かすほうが、お子さんにとってもプラスになるのではないでしょうか。

仕事によって生み出される財産もあるはずです。たとえば、経済的な余裕を生み出すこと、仕事に対する誇りを子供に伝えられることなども、そうした財産の一部でしょう。

先ほどの知人のお子さんは、成長するに従って、

「私がお稽古事ができるのはママが一所懸命に働いてくれているからだ」

と、親に感謝してくれるようになったそうです。

子供は親の痛いところを突くことがあるため、

「家にいてくれるお母さんのほうがいい」

「お母さんは、私より仕事のほうが大事なの？」

などと言われて、傷つくこともあるでしょう。でも、そんな親の後ろ姿を見て育った子供がいつか同じ立場になったとき、かつての親の背中を思い出し、それが支えとなることも、きっとあるはずです。

愛情は接する時間に比例するの？

子育てをしていて、さも真理であるかのように感じられる言葉に出合ったことはありませんか。たとえば、いわゆる「三歳児神話」です。

「三歳までは家庭で母親が育てないと取り返しのつかないことになる」といわれます。確かにそういう面もあるのかもしれませんが、家庭の事情はさまざまなので、とらわれすぎないほうがいいと思います。また、

「子供には親と一緒に過ごす一定の時間が必要」

といわれますが、実際、大切なのは時間の量ではなく、中身ですよね。

たったひと言の会話しかなくても、

「お母さんは、自分のことを分かってくれているな。愛してくれているな」

と思える瞬間もあるでしょう。

私の知人に、子供を実家に残し、遠隔地に単身赴任をした女性がいました。彼女は、毎日子供と電話で話し、宿題を一緒に考えたりしていました。

また、勤務時間が長く、子供の生活時間と合わずにいたお父さんがいました。彼は、家にホワイトボードを用意し、毎日、子供の質問に答えることで、時間的なすれ違いを埋めていました。

どちらの家庭も、一緒に過ごす時間は少なかったのですが、それに代わる工夫によって、子供とのコミュニケーションはとれていました。

「一人っ子はわがまま」

という言葉もよく聞きます。私のなかにも、かつてこの偏見がありました。以前、特に目立って協調性があり、たくさんの友だちに囲まれている生徒がいました。この子に兄弟がいないと知ったとき、つい、その生徒のお父さんに、

「○○ちゃんは、一人っ子なのに、全然わがままなところがありませんね」

と言ってしまいました。お父さんは、

「うちの子は小さい頃から人なつっこくて、近所の人にかわいがられ、いろいろな家に、自分用のお茶碗とお箸があったくらいなんです」

とおっしゃっていました。

多くの生徒やご家庭を見ていると、確かに、「こうすれば、こうなる」という、因果関係の傾向が見えてくることもあります。しかし、それは、必ずしもすべてのご家庭に当てはまるわけではありません。

さも真理のように語られていることであっても、百パーセントの家庭や子供に当てはまることはないでしょう。

家庭にはそれぞれの事情があり、できないことはできません。社会的な暗示に掛かって自分を責めたり、心配をしたりする前に、それぞれのご家庭に合った工夫をすることが、結果として子供のためになると感じています。

反抗期、わが子も成長した証《あかし》

中学一年の後半くらいから三年に上がるくらいの年齢は、それまで素直だった子供でも、反抗的な態度を見せるようになる時期です。親御さんは、

「どうして、あんなにかわいかった子が……」

と驚かれるかもしれませんが、これは、それまで親を頼っていた子供が、

「私はこうしたいのだ」

と、自分の意見を持つようになった証であり、成長のための大切な過程です。

この時期、子供のイライラした感情が家庭内で発散されるのは、ある意味で健全なことかもしれません。それは、

「親なら許してくれる」

という信頼の表れともいえるからです。

何人ものお子さんを育てたあるお母さんは、

「学校で友だちに意地悪をして他人に迷惑をかけるくらいなら、親に向かって、反抗してくれていたほうがまし」

と言っていました。

この時期に自分の感情を抑え込んでしまい、大学生になってそれが爆発した人の話も聞いたことがあります。


長年、たくさんの生徒を見ていると、こうした反抗期は長くて二年、それ以上続くことは少ないと感じています。

ですから、この時期が来て、あれやこれやの反抗に遭ったとしても、慌ててカッとしたり、悲観したりする前に、ひと呼吸おいて、先ほど述べたように、

「本当はどうしたいの？」

と、お子さんの本音について、じっくり話を聞いてみてはどうでしょう。

それでも「もうお手上げ」というときは、これだけは許すわけにはいかないという最低限のことに絞って、軸をぶらさず、

「ダメなものはダメ」

と言い続けることも大切です（これについては、41ページで述べました）。

二つのバランスをとりながら、我慢強く、余裕を持って接していれば、大抵の場合、やがてこの時期は通り過ぎていきます。

ところで、反抗期が急にやってきて驚くのは、親御さんだけではありません。

ある生徒は、「思春期の特徴」という授業を受けた後で、

「反抗的になるのは、この年代の特徴ということを知ることができてよかった。最近、お母さんと話すとイライラして、ついきついことを言っていましたが、自分は、お母さんのことを嫌いになったわけではないのだ、ということが分かり、ほっとしました」

という感想をもらしていました。

第 4 章

幸せにつながる学校選び

子供の未来から、今を見る

「この学校を選んでよかった」
「学校が毎日楽しくて」
ご家庭の教育方針や、本人の適性に
ぴったり合った学校を選ぶことができたとき、
お子さんから、きっとこんな言葉が聞けるでしょう。
一方、どこかで学校選択の手順を間違えたため、
「こんなはずでは……」
ということも、まったくないとはいえません。
この章では、中学受験を考えている親御さんから、
学校選びについてしばしば相談されることについて、
答えていきます。

学校選びは、「子育て方針」のすり合わせから

ご家庭の教育方針や本人の希望とは合わない学校を選択してしまったばかりに、その後の学校生活を、

「ここは私のいる場所ではない」

といった、不本意な気持ちのまま過ごしてしまうお子さんの話を耳にすることがあります。

以前、複数の学校に合格し、本人の行きたい学校がほぼ固まっていたにもかかわらず、最後の段階で、

「ぜひ、自分の母校に入ってほしい」

という、おばあさまの強い意見に押され、ある学校に入学した子がいました。

入学後、彼女はなかなか校風になじめなかったそうです。

私はよく、保護者向けの学校説明会などで、「学校選びをする際は、できるだけ、次の三つの段階を経ることをお勧めします」

と話しています。一つ目は、

「どういう子に育てたいのかという、子育ての方針や価値観をご家族で共有する」

二つ目は、

「共有した方針や価値観に合う複数の学校を親が探す」

三つ目は、

「そのなかから、最終的に行く学校を子供自身が決める」

というものです。

学校選びがうまくいかなかった場合の原因はさまざまでしょうが、私の経験上、この三つの段階のどこかが欠けていると、そのリスクが高まるように感じています。

特に大切なのは、一つ目の、

「どういう子に育てたいのかという、子育ての方針や価値観をご家族で共有する」

ことだと思います。

子育てについて、互いに似たような価値観を持っているつもりだったのに、受験直前になって、考え方の違いが明らかになり、家庭内がギクシャクすることもあります。先ほどの例のように、合格校が複数決まった後で揉《も》めるご家庭もあります。

そうならないためにも、なるべく早い段階で、ご夫婦や、必要であれば、おじいさまやおばあさまにも参加していただいて、教育方針について話し合いの機会を持つといいでしょう。その際、

「そもそも、あなたが考える子供の幸せって何？」

というように、子供の「幸せ論議」を皆さんでしてみてはいかがでしょうか。

その過程で、たとえば
「自分の好きな道で、自立して生きていけること」

「健康と家族に恵まれ、経済的にも不自由しないこと」

「人の幸せが自分の幸せになるような人に育つこと」

など、その家庭独自の、子供の幸せ像が浮かび上がってくるでしょう。そのとき、大切なのは、少し先の未来まで視点を延ばして考えることです。

そして、その幸せを実現するためには、どういう学校がいいのか、これだけは外せないという条件に優先順位をつけ、絞っていきます。

それが、二つ目の、

「共有した方針や価値観に合う複数の学校を親が探す」

ということです。

最後に大事なのが、三つ目の、

「そのなかから、最終的に行く学校を子供自身が決める」

こと。実際に通うのは子供自身です。

「この学校を選んだのは親ではなく、自分なのだ」

という意識を持っているのといないのとでは、その後の学校生活が大きく違ってきます。

どんな学校に入学したとしても、必ずしも思い描いていたような理想の学校生活が送れるとは限りません。思い通りにいかないこともたくさんあるでしょう。そんなとき、もし、親に強制されて入った学校であれば、

「本当は来たくなかったのに」

と、人のせいにして、現実から逃げたくなるかもしれません。反対に、自分自身が決めたという意識があれば、対応も前向きになるでしょう。入学後に大きく伸びる子は、この自覚が強いように感じます。

学校選びに限ったことではありませんが、重要な選択の場面では、必ず本人が決断したという形にすることが、お子さんのためになると思います。

そして、最後に一点。

そうやって最終的に入学を決めた学校が、第一志望校でなかったとしても、家族全員で、

「この学校を選んで良かったね」

という言葉をかけてあげてください。

「私の選んだ学校。家族もみんな喜んでくれた」

という思いが、その後の学校生活の充実につながるはずです。

二十八歳の未来から逆算した教育を

本校では、「二十八歳」になったときに自立している女性を育てることを教育目標として掲げています。二十八歳の未来から逆算し、中学・高校段階では何をしたらいいかを考え、教育活動にあたっています。

そのことによって生徒は、今の自分が未来の自分につながっているということに気づき、学習へのモチベーションがあがり、日常生活にも積極性が出てきています。

前の項目で、

「子育ての方針や価値観をご家族で共有してください」

「お子さんの幸せとは何か、幸せ論議をしてみてはどうですか」

という主旨の話をしましたが、いつの時点での幸せなのかなど、子育てのゴールを決めておくと、今、何をしたらいいのかが明確になってきます。私たちの学校は、それを二十八歳においています。

学校やご家庭での教育目標を大学合格におく場合もあるでしょう。しかし、その場合、子供は、

「この科目は入試科目にないから」

「私は数学が苦手だから文系」

というような、消去法の選択をしがちです。

希望の大学に合格しても、その先にはまだ長い人生が待っています。当面の現実的な目標として大学合格を掲げることはあっても、最終的なゴールは、それよりも後にあるのではないかと、私たちは考えています。


では、なぜ二十八歳なのか。それは、女性の生き方に関係しています。

男性と女性では、社会に出た後のワークライフバランスが異なります。女性には出産の機会があり、その年齢には制限があります。そのため、結婚、出産、

育児を視野に入れた教育が早いうちから必要になるのです。

仮に、育児を経て職場に復帰するのであれば、そのときは専門性や資格が、ブランクを埋める助けになるでしょう。法的に整備されたとはいえ、残念ながらまだ日本では、育児休暇明けに男性と同じ土俵で勝負できる環境が整っているとは言い切れません。

専門性を身に付けるためには、専門職大学院などで学ぶことも現実的な選択肢であり、そうした学びを仕事に活かせる年齢が二十八歳前後になると私たちは考えています。

子供が二十八歳になる頃は、親は一般的に第一線から退くような年齢です。親の助けが及ばなくなるこの時期までに、自立した人間になっていなければなりません。

このように、女性にとっての二十八歳とは、仕事では、学んだことを社会で活用できる年齢であり、プライベートでは、結婚や出産の現実味が増すターニングポイントなのです。

親子でそのことを話題にし、イメージを膨《ふく》らませたり、さまざまな職種の知人に話をしてもらったりして準備をしておくことが、子供が人生を豊かに自立して過ごすことにつながっていくでしょう。

公立？　私立？　と迷ったときは

少子化にもかかわらず、首都圏を中心に私立中学校の受験者数は増加傾向にあります。私学にはそれぞれ特色がありますから、その教育理念に共感してのことでしたらいいのですが、

「皆が私立に行くから」

「公立はなんとなく不安だから」

といった理由での私学選択でしたら、もう一度、

「わが家では、子供の将来をどうしたいのか」

という原点に戻って、お考えになってはいかがでしょうか。

私自身は、小中高と、地元の公立学校で学び、現在は私立学校に勤めている

ので、両方の良さを体験しています。

たとえば、家業を営まれていて、将来そこを継いでほしいと考えているのならば、遠隔地の全寮制の私立学校で過ごさせるのと、地域社会との絆が強い地元の公立学校に通わせるのでは、どちらが将来につながるでしょうか。

また、公立では、家庭の環境や価値観が異なるさまざまな友だちと出会うことが可能です。社会の縮図ともいえる多様性のなかで学ぶことは、将来のための貴重な経験になるでしょう。

一方、私立の場合、学校の理念に共感したご家庭のお子さんが入学なさるので、ある程度、価値観の似た生徒が集まることになります。

それこそが私立の特長です。私学の存在意義とは、建学の精神に照らし、社会に有為な人材を育てること。そして、それに共感する保護者や生徒が集まり、共通の目標に向かって協力できることです。卒業後のネットワークも広く強くなります。

公立ほどの多様性はないかもしれませんが、その分、生涯にわたって付き合える友人ができるという話もよく耳にします。

私立の場合、教員の異動が少なく、教育政策の変化の影響を受けにくいため、一貫した教育方針のもとで継続的な指導がなされます。一方でそれを、公立に比べて閉鎖的だと捉える見方もあるかもしれません。

また、公立と私立では、学費という経済面の違いもあります。ただ、これに関しては、

「お稽古事に匹敵するようなクラブ活動があるか」

「浪人した場合の予備校費用を考えて、現役進学率はどうか」

など、教育費をトータルで考える必要があるでしょう。

公立、私立、いずれにせよ、既成概念や周りの意見にとらわれず、お子さんをどう育てたいのか、そこを最大の判断基準とすることが大切だと思います。

一番「いい学校」はその子に「合う学校」

お子さんの中学受験を考えている友人知人からよく、

「どこか、いい学校はない？」

と質問されます。そんなときは決まって、

「その子に合う学校が一番いい学校」

と答えます。不親切に聞こえるかもしれませんが、そうとしか答えようがないのです。それだけ、私学とひと言でいっても、教育内容は千差万別です。


たとえば、学力や進学に特化した学校や、情操教育に力を入れている学校。自主性を尊重した学校や、面倒見の良さが自慢の学校。自由な気風の学校や、規律が厳しい学校など。

それによって授業にも特色が生じます。たとえば、理数系や語学教育を重視していたり、体験学習やフィールドワークに力を入れていたり、大学との連携を充実させていたりなどです。

また、校則や生活指導の方針も学校によって異なります。特に、この年代の女の子にとって、制服や髪型のルールはとても気になる問題ですから、ぜひ、ご家庭の教育方針に合う学校、また、本人がルールを守れると判断した学校を選んでください。

以前、お姉さんを髪の毛の染色ＯＫの学校、妹さんを大変校則の厳しい学校という正反対の指導方針の学校に入学させて、苦労したというご家庭の話を伺ったことがあります。

同じ家庭のなかで、同じ格好をしているのに、片方だけが叱られるとしたら、確かに子供にとって受け入れ難いものでしょう。

このように、私立学校の校風はさまざまです。そう考えると、やはり、ご家庭の教育方針やお子さんの適性に合う学校が、一番いい学校なのだと思います。

なお、こうした学校の特色は、時代とともに変化する場合もあるため、過去のイメージがある方は、一度頭のなかにある情報をリセットし、実際に学校に足を運び、最新の情報を得られるとよいと思います。

女子校のメリットとデメリット

私は大学まで共学校で過ごしました。ですから、フランクに男子と付き合え、切磋琢磨できる共学の良さを、身をもって体験しています。そのうえで、ここでは女子校の特長について触れたいと思います。

女子校の意義は大きく分けて二つあると考えています。

一つは、別学の意義ともいえるかもしれませんが、女子に限定したこまやかなケアができること。思春期を迎えるこの時期は、精神的にも肉体的にも男女の成長カーブが大きく異なります。別学ではその曲線に合わせた教育ができます。経済学者の中室牧子さんは、『まんがでわかる「学力」の経済学』の中で、「共学より別学の方が学力が高くなる」という研究を紹介し、その理由として「別学では男女の性質の差に応じた指導が可能なことが、学力や進学で有利な状況をつくり出したと考えられる」と述べています。

もう一つは、「女子の苦手分野」という既成概念がある方面における能力開発の可能性が広がるという点です。共学校では男女の役割分担が生じがちですが、女子校では、重い物を運ぶのも、生物の解剖も、電気機器の配線も、すべて自分たちで行う必要があります。共学にいたら出合わなかったかもしれない得意分野に出合い、気づかなかった能力に気づく可能性が広がります。

特に育つのはリーダーシップでしょう。学級委員長や生徒会長、文化祭実行委員長など、すべてのポストを女子が担いますので、男性に頼るという意識が生じようがないのです。


女子校の特長については、そのほか卒業生がさまざまな言葉を残しています。参考までに、彼女たちが残した代表的な意見を拾ってみましょう。

よく聞くのが、自立心が養われたという意見です。

「男子に頼らず自分でやり遂げる力が身に付いた」

「男女の能力差を意識せずいろいろなことにチャレンジできた」

また、

「先生による男女の分けへだてがない」

「先生が女性の社会進出を積極的に応援してくれた」

という感想もありました。

女子校では、団結心や友情が深まるという話もよく聞きます。たとえば、

「同性にしか相談できない悩みなどをオープンにできた」

「男子がいないので恋愛関係の嫉妬に巻き込まれないで済んだ」

「一生付き合える友だちができた」

など。だからといって、男性に対して奥手になるとか、壁ができるわけではなさそうです。卒業生は、

「免疫がないといわれるけれど、むしろ男友だちができやすい。さっぱりしているからでしょうか」

などと言っています。

また、女子校ならではのプログラムが良かったという感想も挙がっています。「作法の勉強などで知らないうちにマナーが身に付き、後で役に立った」以上、女子校出身者だけに、メリットに偏っての発言だとは思います。もちろん、デメリットもあるでしょう。女子だけの世界ということで、「価値観が偏る」「多様性に欠ける」といった部分があるかもしれません。

けれど、成長期の教育において、女子校はそれに余りある魅力を有していると、日々実感しています。

自我の目覚めで転校したあるケース

仕事柄、知人から、

「子供を転校させたいのだが、どうしたらいいですか」

という相談を受けることがあります。転勤、人間関係のトラブルなど、理由はさまざまですが、なかには

「こんなことが理由になるなんて」

と親御さんまでもが驚くようなケースもあります。

名門校といわれる一貫校に小学校から入学し、高校まで進学したそのお子さんは、クラブでは部長、クラスでは委員長と、周囲の信頼と尊敬を集める、はたから見れば、まったく問題のない生徒でした。そんな彼女ですが、本人はい

つのまにか、そこに違和感を抱えるようになっていました。

「小さな学校のなかで、一度『この子はこういう子』と決まると、その役割を演じ続けなくてはいけない……」

と言うのです。さらに彼女は続けます。

「これまでずっと親が選択した人生を歩んできたことも心に引っ掛かっていました。別の学校に通う友人たちが受験を経験し、悩みながらも自ら進路を決めていくなか、『果たして自分はこれでいいのか』と自問するようになりました。中学生の頃は、一歩を踏み出す勇気がなく、周りに流されて高校に進みました。しかし、その後もそうした気持ちは強くなる一方で、どうしても、自分の意思で自分の道を選択したくなりました。失うものが大きいことは分かっていましたが、自分に合う学校を自分の手で選び直そうと決心しました」

それまでの彼女の学校生活は充実し、友だちも多く、学校に対する不満があったわけではないそうです。それなのに、難関を突破して入学し、長く慣れ親しんだ学校をやめなくてもいいのではないか、あるいは、仕切り直しが必要であったとしても、大学受験のときでもよかったのではないか、などと多くの人は思うでしょう。

けれど、彼女にとっては、そのときでなければダメだったのです。周りから見てどうということより、自分の気持ちが定まった、そのときこそが転機だったのです。

もし、このとき、この選択をしていなかったとしたら、その後もずっと、

「これでよかったのだろうか」

と自問と後悔の日々が続いてしまったのかもしれません。

こうして、彼女は学校を移り、自分の選んだ新しい環境のなか、多方面で活躍し、志望校への夢を叶え、卒業していきました。自立した、意志の強い子でしたから、恐らく、ルート変更をしなかったとしてもゴールはそう大きくは変わらなかったかもしれません。

けれど、本人にとって、自分の意思で自分の道を選択したという事実は、そ

の後の人生にとって大きな財産になったと思います。

この選択は、彼女の力だけでは成り立たなかったでしょう。

「子供の一時の気の迷い」

と流さずに、その意思を受け止め、親の意図とは違う方向へ進もうとするわが子をサポートした親御さんに頭が下がります。

一貫校には、一つの教育方針のもとで伸び伸びと子供が育つという、いい面があります。子供を安心して託せる教育環境を求めて、幼稚園、小学校から一貫校に進ませるご家庭も増えていると聞きます。

しかし、「小さな、かわいい私の子」が、「一個人」として成長する人格形成の過程で、自我が芽生え、ときにはこうしたことが起こりうることも、知っておいたほうがいいかもしれません。

「遠距離通学」をどうする？

学校説明会の席などで、よく質問されることの一つに、

「自宅が遠いのですが、遠距離通学はどのあたりまで大丈夫でしょうか？」

というものがあります。

本校の平均通学時間は一時間前後ですが、なかには二時間以上かけて通学する生徒や、新幹線通学の生徒もおり、通学時間や距離の目安を言いきることはできません。むしろ、電車の混み具合や乗り換えの利便性など、心身にどれだけ負担がかかるかが重要なポイントになると思います。

混雑がそれほどでもなく、座れる可能性が高いのなら、乗車時間が長くても勉強や読書をすることも可能です。

しかし、長時間の満員電車となると体力的にはつらいでしょう。毎日のこと

ですから、積み重なると大きなストレスになってしまうかもしれません。

そこで、お勧めしたいのは、学校の代休日などを利用し、平日の登校時間帯に、保護者同伴で志望校までのルートを実際にたどってみることです。本番さながらに重い荷物を持って、本当に毎日通えるか、本人の感覚を確かめてみるといいでしょう。実際に通学時間に行ってみることで、在校生の雰囲気を知ることもできます。

その点では、オープンキャンパスや公開される学校行事も、学校の雰囲気を知る良い機会です。一部の生徒だけでなく、全体を見ることによって、子供自身、在校生とフィーリングが合うかどうかを確かめることができます。その際、積極的に生徒に声を掛け、質問するといいでしょう。学校説明会で教職員が話していた内容が、実際にどう生徒のうえに具現化されているかを確かめることができます。

生徒は正直です。学校にとってはあまり誇れないようなことも平気で話してしまうこともあります。けれど、それがいいのです。

「この学校は良くてこのくらい、悪くてもこのくらい」

と、現実的な判断ができ、覚悟を決めることができます。

過剰な期待を持って入学し、後でがっかりすることになると、お子さんが気の毒ですから。

第 5 章

子育てに活かす「仕事力」

お父さんに知ってほしいこと

私たちの学校では、社会人の方を招いた特別講座などを通じて
生徒に未来の自分をイメージしてもらっています。
そこで気づいたことは、親御さんの持つ「仕事力」は、
お子さんの教育にも大きな効果を生むということです。
家庭教育に力を入れている
お父さんが増えていることを実感していますが、もし、
「子供の教育はなるべくお母さんに任せたい」
という方がいらしたら
この章を読んでいただきたいです。

お父さんのNGワード「で、結論は？」「俺は忙しい」……

保護者との懇親会の席などで、お母さん方と話すと、ときどき、

「先生、うちの主人ったら、ひどいことを言うんですよ。頭にきてしまったわ」

と言われることがあります。また、お父さん方からは、

「いやーっ、あんなひと言をいつまでも根に持っているなんて」

というような話も聞きます。

ここでは、そうした話のなかから拾った、お父さんがお母さんに思わず発してしまいそうな問題発言を、「NGワード」としていくつかご紹介します。

その①「それで、結論は？」

相談事を持ち掛けてきたお母さんに対して、時間を惜しむばかりに、「それで、結論は?」などと、話の腰を折ることはないでしょうか。116ページでプロセス型と結果型の違いを述べましたが、お母さんにとっては、結論が大切なのではなく、聞いてもらう過程自体が目的の場合もあるのです。同様に、話の途中で、「そんなの、こうしたらいいんじゃない」などと結論を言ってしまうこともNGです。

その②「俺は今、仕事で忙しいんだ」

こう言われたら、「じゃあ、私は暇なの?」と思われるかもしれません。せめて、「俺は」ではなく「俺も」と、助詞を使い分けるだけでも印象は変わります。

その③「そんなこと、一人で決めて」

決められないから、相談しているのではないでしょうか。それに、一人で決めたとしたら、それはそれで、後で文句を言うのでは？　また、「そんなこと」「それくらい」などの言葉は、相手の仕事を軽んじるような印象を与えかねません。

その④「後にしてくれ」

今、聞いてほしいのです。もし、本当に時間がつくれないのであれば、「大事な話のようだからしっかり聞きたい。後でもいい？」と言ってはどうでしょう。

その⑤「はいはい、ごめんなさい。俺が悪かった」

本心では悪いと思っていないのに、謝っておけば気が済むだろうという考えは、相手にもしっかりと伝わってしまいます。同様に、「いいんじゃない」などと、いい加減な肯定をするのもよくありません。強く背中を押してもらいたいこともあるのです。

その⑥「……」（無言）

夫婦間の甘えでしょうか。返事や言葉を省略されると、軽く見られているような感じがしますし、話も進みません。また、話に耳を傾けているようで、新聞に目を通していたり、テレビやスマートフォンに目が行ったりしている「ながら聞き」をしながらの「生返事」もＮＧです。

その⑦「事実」を言うこと

見れば分かる「事実」をそのまま指摘するときは注意が必要です。たとえば、

「まだ、片付いていないの？」

「今日のおかず、これだけ？」

「最近太ったんじゃない？」


そんなこと、分かっているのです。でも、片付けても片付けても、子供が散らかす。自分も、さっき仕事から帰ってきたばかりで、料理に掛ける時間がな

かった。運動する時間もなくストレスでつい食べてしまう。――などの理由があって、したくてもできないのです。「事実」は逃げ場がないだけに心に刺さります。

こうしたNGワードは、お母さんに知らず識らずにストレスを与え、それが子供へと影響していく場合があることを、どうかお父さん、知っていてください。

そして最後に、お母さんにひと言。

お父さんが、こういったNGワードを発したり、態度をとったりするのは、家族への甘えと信頼があるからこそ。頭にくることもあると思いますが、このことを理解していると、多少、怒りも収まるかもしれません。

「仕事力」を子育てにも活かす

「娘がそろそろ受験なんだけど、家から通えるところで、どこかいい学校はありませんか？」

社会の第一線で活躍している知人のビジネスマンからの相談です。

私の持論は、「その子に合う学校が、いい学校」なので、

「どういうお子さんなのですか？　どんな人に育てたいのですか？」

と、聞き返すと、

「う～ん、ちょっと気が弱くて……。優しいのはいいんだけど、自分から前に出ようとしないんです。自立したタフな子に育てたいとは思っています」

という返事。そこで、

「今の段階では、どのあたりの学校を考えているのですか？」

と聞いてみると、

「〇〇校とか、△△校とかです」

ここで、私は首をひねってしまいました。挙がった校名が、先ほどの「子育てビジョン」とは合わない方針の学校だったからです。

「どうして、その学校なのですか？」

「評判がいいんでしょう？　隣の家の子も通っていて、いい学校だって言っていたし。塾でも薦められましたから」

「成績はどのくらいなのですか？」

「それが、あんまり良くないみたいです。なかなかやる気にならなくて、女房がピリピリしています」

「本人の希望は？」

「あんまりちゃんと考えてないいんじゃないでしょうか。友だちと同じところがいい、と言っていますし」

「ところで、今、何年生なのですか？」

「受験学年です」

「……」

同じ人に、会社の企業理念や目標を聞くと、活き活きと語ります。

「業界の環境は？　会社の現状は？」

と聞けば、数値的な情報だけでなく、現場に足を運び、自分の感覚も大切にしています。目標を設定し、計画を綿密に立て、常に部下のモチベーションを保つようコミュニケーションを図っています。そのため、私は、

「ビジネスの世界で発揮している能力を子供の受験に使わないのはもったいない」

と感じてしまいます。

最近は、学校説明会でも、お母さんだけではなく、お父さんの顔を見ることが多くなってきましたが、

「子育てや受験対策は自分の専門外。妻に任せている」

というお父さんもいらっしゃるようです。

目標設定、現状把握、計画立案、仮説検証といった、一つの目的に向かうときの道筋は、ビジネスと子育てで共通する面がたくさんあります。こうしたお父さんのビジネススキルを活かしてあげられれば、お母さんもほっとするのではないでしょうか。

ここで、うまくいった例を一つ。

あるお父さんが、お子さんが六年生になって初めて、一緒に学校説明会に行き、お子さんともども、その学校のことがすっかり気に入ってしまいました。

ところが、お子さんの成績とその学校の合格基準には大きな隔《へだ》たりがありました。お父さんはそれまで、子供の成績表は目にはしていたのですが、はっきりと「認識」したのは、このときが初めてだったそうです。

「この学校に子供を託したい」

「子供の夢を叶えてやりたい」

その日以来、その学校は子供だけではなく、お父さんの第一志望校になりました。そして、

「これまで、仕事優先で子供のことは妻に任せてきたけれど、せめてこの一年だけはできることはすべてやろう」

と決心。会社でやっているように、家族で会議を開き、目標を共有し、一年間の計画を立て、弟や妹にも協力を頼みました。毎朝みんなで同じ時間に起き、一緒に勉強する。帰宅後はお父さんが必ず勉強をチェックする、などのルールをつくりました。

また、お父さん自ら志望校の過去問題を徹底分析し、合格点に足りない部分を最短距離で補っていきました。子供と話す時間もそれまで以上につくり、モチベーションが落ちないようにサポートもしました。

その結果、偏差値的にはかなりのチャレンジと思われた学校に、見事合格することができたのです。

最後にちょっと寂しいエピソードをもう一つ。

このご家庭のように、子供の受験にかかわって、良い結果を得た中学一年生のお父さんと、私の会話です。

「この間の学年行事のとき、お嬢さんがクラス代表として活躍したんですよ」

「えっ、そんなことがあったんですか？　知らなかったなぁ。最近は、家に帰って楽しそうな会話に加わろうとすると、娘が、『お父さんはいいの！』とか言って、話をやめちゃうんですよ。受験のときは、会社を休んでまで算数を見てやったのに……」

それまで、「かわいい、かわいい」で育てることができたのに、中学に入る頃から、お父さんと距離をおくようになるお子さんもいます。

そう考えると、中学受験は、かわいい娘と一つの夢に向かって共同作業ができる、最後のチャンスなのかもしれません。

ときには家庭に仕事を持ち込んで

社会人講師を招いての特別授業で、生徒に家族の図を描いてもらうという課題が出されたことがありました。そのとき、お母さんを真ん中にして描き始める子が多かったのが印象的でした。

家庭ごとに役割分担はあるでしょうが、お父さんの力が家庭内で十分に活かされていないとすれば、もったいないなと感じました。

家庭における「お父さんの仕事」として、ぜひ子供のためにやってほしいと私が思うことは、「家庭に仕事を持ち込む」ことです。

「家庭に仕事を持ち込まない」という主義の方もいらっしゃると思いますが、これまで学校で、社会と子供をつなぐさまざまな取り組みをしてきた経験上、子供が将来の仕事を考えるうえで、もっとも身近な社会人である親の仕事を知ることは大きな意義があると感じています。

親の会社名を知っていたとしても、具体的な仕事の内容まで知っている子は少ないでしょう。それを知ることで、親への見方が変わることもあります。

私自身、幼い頃は、父のことを怒りっぽく、だらしない人と思っていました。けれど、職場で仕事をする様子を目の当たりにしたとき、

「怒りっぽいのは、職場でこれだけいろいろなことを我慢して、がんばっているからなんだ」

「仕事のときには、こんなにきりっとしているのか」

と、父に対する見方が変わり、初めて尊敬の念を覚えました。

本校の職業講演会で、ある生徒のお母さんが看護師の仕事について話してくださったことがありました。その生徒は、それまで、

「お母さんは私より仕事が大事なのかな」

と感じていたようですが、仕事に対する姿勢や誇りなどを真剣に語る母親を見て、涙を流していました。そして、自らも看護の道に進むことを決意しました。

家庭内で、仕事をテーマに会話をすることで、今までになかったような親子のコミュニケーションが生まれることもあります。

本校の文化祭では起業を体験するプログラムを実施しています。設立登記から株主総会に至る過程で、生徒はお父さんにビジネスに関するさまざまな質問や相談をしています。なかには、模擬店で扱う製品を提供してくれる企業をお父さんに紹介してもらった生徒もいました。

社会科で株式に関する授業をしたときのことです。

「直接金融と間接金融の違いって何？」

と、金融関係の仕事をしているお父さんに質問した子がいました。お父さんは、自分の専門分野であったため丁寧に説明したということですが、何度も首をひねる娘にショックを受け、金融経済教育のインストラクターの資格を取ったそうです。

また金融経済の特別授業に参加した生徒は、講師への自己紹介で、こんなことを言っていました。

「私の父は、銀行に勤めていて、毎日、夜中の二時、三時に帰ってきます。顔を合わせる時間もないのですが、そんな父の仕事を少しでも理解したくて、この授業に参加しました」

しばらく後に、私がその生徒のお父さんに、この話をしたところ、

「えっ、娘がそんなことを言っていましたか。普段うちでは、そんな話、全然しないんですよ」

とうれしそうにおっしゃっていたことが心に残っています。

任せたのなら、後で文句を言わないで

夫婦の役割分担で、

「子供の教育はお母さんに任せている」

というご家庭もあるようですが、いざ、お母さんの判断で決定が下された途端、

「それは、どうなんだろう」

と、お父さんが口を挟んできて、喧嘩になるという話を耳にします。

たとえば、中学受験において、ほとんどの準備をお母さんに任せておいたにもかかわらず、受験校の候補を絞り、いよいよ願書を出す時期になって、

「この学校は気に入らない」

と言って、結論をひっくり返してしまう。

これは、仕事でいえば、権限委譲がうまくいっていないということでしょう。

私も人のことは言えないのですが、部下に任せると言いつつ、その後の途中経過を確認せず、決裁の段階で白紙に戻してしまう上司と似ているかもしれません。

家庭内の役割分担で、お母さんに任せる場合でも、ビジネスにおける権限委譲と同様に、

「目的の、本質的な部分を共有しておく」

「任せる範囲を決めておく」

「報告・連絡・相談を徹底する」

などの基本的なルールを守ることで、スムーズに事がすすむのではないでしょうか。

「家族の時間」を確保するには

今日は、会社で大事な会議がある。あと五分で家を出る。そんな出勤直前に、お母さんから、お子さんのことについて深刻な相談事を持ちかけられる。

「なんで、今なの？」

「今まで何度も相談しようとしたけれど、いつも『後で』と言っていたじゃない」

こんなことはありませんか。

忙しいからといって、「後で」を言い続けていると、気が付いたときには、家族の問題がタイムリミットになっていることがあります。

ただ、家族とのコミュニケーションに時間をとることは大切だと分かってはいても、身内のことだと甘えも生じ、つい後回しになりがちです。

そこで、私がお勧めしたいのは、家族の話を聞く時間を、仕事と同列に、前もってコマ単位でスケジュールに組み込んでしまうことです。

「毎日、十五分は妻の話に耳を傾ける時間にする」

「週一回は、必ず家族と夕食をともにする」

など、家族と接する時間を予定に組んでしまうのです。そうやって時間でブロックし、先約優先の原則を守るようにすれば、仮に仕事が入ってきても、後回しにすることなく、その時間が確保されるようになるはずです。

こうして家族とのコミュニケーションの時間を確保しておくことが、後々起こるかもしれないさまざまな問題を防ぐことになり、結果としては、時間を有効に使うことにつながるのではないでしょうか。

受験期の「お父さんの役割」

本校では、受験生や保護者の方を対象に、在校生のお父さんが受験についてアドバイスをする機会を設けています。そうした場などで挙がったさまざまな体験談のなかから、受験期のお父さんに、参考になりそうなものをいくつか挙げてみます。

あるお父さんは、平日は忙しくて子供を構うことができなかったため、「せめて日曜日くらいは」と、模擬試験の送迎役を買って出ていたそうです。行き帰りの車中では、学校のことや友人のことなど、受験以外の話題で、お子さんの心をほぐしていたとのこと。

子供は、この時期のお母さんは気が張っていることをなんとなく察しています。そのため、お母さんに気を使って、不安や不満を心にためている場合があります。そんな時は、お父さんが子供の愚痴の聞き役になってあげるのもいいと思います。

あるお父さんは、

「ご兄弟がいる家庭は気をつけてください」

とアドバイスをしていました。この時期は、両親の目が、受験生であるお兄さんやお姉さんに集中します。そのため、弟や妹の健康管理にまで気が回りません。防寒対策をせずに外で遊び回り、帰宅後もうがいや手洗いをしない。そうやって風邪をもらってくることがよくあるそうです。

そうなると大変。受験前にうつされては一大事と、弟を入院させたケースも聞いたことがあります。

健康に対する配慮に加えて、兄弟姉妹に対する精神的なケアも必要だというアドバイスもありました。両親がお兄さんやお姉さんに気を使うあまり、それを贔屓《ひいき》と感じてしまう弟さん、妹さんもいます。このとき感じた疎外感が、後々まで尾を引くこともあるかもしれません。ですから、

「今、お兄ちゃん（お姉ちゃん）は大事な時期だから、皆で協力しようね」

と、折に触れ話すようにしておくといいでしょう。

ビジネスでの事務処理能力を活かし、パソコンを駆使し、試験期間中のスケジュール管理を徹底していたお父さんもいました。過密な試験日程のもとでは予期せぬ出来事や混乱が起こりがちです。うっかり入学金の入金を忘れるなどのトラブルが生じたら大変です。お母さんが子供のケアに専念できるよう、お父さんは事務面で支えるという役割分担ができていた好例でした。

お母さんへの気遣いも、お父さんの大切な仕事です。受験本番が近づくと、お母さんは心身ともに疲労が極限状態に達します。

試験当日、子供を試験会場に送り出した途端、泣きだしてしまうお母さんの

姿を私は何度も見かけました。それくらい、この時期は精神的に不安定になってしまうのです。

ですから、普段お父さんの帰りが遅いのであれば、たまには夫婦二人分のケーキや、リビングに飾るお花をお土産に買ってみてはどうでしょう。二人でお茶を飲む時間が十五分でもあれば、子供の報告以外の話をして気持ちを紛らわすこともできると思います。

お土産としては、明日の朝食に使えるお惣菜などは実用的でうれしいもの。

「忙しいだろうから」

と言って手渡せばきっと喜んでくれるはずです。

いずれにしろ、この時期は大変なことが起こる可能性があります。大切なのはそれを覚悟しておくこと。最悪の場合をシミュレーションしておけば、余裕ある対応ができるでしょう。まさに、備えあれば憂いなしです。

第 6 章

親に伝えたい「学校での気づき」

家庭でも活かせる学校の取り組み

家庭と学校は、
子供を育てるパートナーのような存在です。
役割を分担し、サポートし合って、
成長期の子供たちに、
未来を生き抜く力を与えたいのです。
この章では、
日本文化、国際教育、キャリア教育など、
本校の取り組みの一部も紹介しています。
家庭教育に活かせる部分もあり、
少しでもお役に立てば幸いです。

クラブでがんばる子は受験にも強い

どちらかというとクラスでは消極的な生徒が、クラブ活動や委員会活動の時間になると、リーダーシップを発揮するなど、別人のような輝きを見せることがあります。

勉強以外にも、生徒のさまざまな能力が発揮でき、スポットライトが当たる場を持つことは、自信を持つためにとても意義のあることです。また、

「後輩のためだとがんばれる」

「先輩たちを見ているうちに、自分もがんばろうという気になった」

と多くの生徒が言うように、縦の人間関係のなかで、成長していけることも、これらの活動のいい点です。教員の言うことより、先輩の言葉のほうが耳に入りやすいこともありますからね。

特に中高一貫校の場合は、六学年の生徒が活動をともにします。肉体的にも精神的にも大きく成長するこの時期、これは相当な年齢差です。高校三年生と中学一年生が並ぶと、まるで親子のように見えることもあります。

「クラブ活動と勉強は両立できるのでしょうか？」

と質問されることがしばしばあります。考え方は人それぞれだと思いますが、本校では約九割の生徒がクラブに参加し、また、委員会活動にも力を入れています。そのうえで、現役での大学進学にもこだわり、一定の成果を出していま す。

「あまりにもクラブ活動や課外活動が忙しかったから、受験が楽に感じた」

「あの頃のつらさを思い出して受験を乗りきった」

という卒業生もいます。何かに打ち込み、限界までがんばったことによって生まれた自信が、受験に対しても効果を発揮したのでしょう。

私は、子供には、親が思うよりも大きな潜在能力があると感じています。そして、その能力は限界まで使ったとき、さらに伸びていきます。勉強、クラブ、委員会活動など、複数のことを同時に抱え、忙しくなればなるほど、集中力が増し、時間の使い方が上手になる子もいます。

文化祭のとき、クラブ展示、クラス発表、委員会活動、有志発表と、同時にさまざまなことに挑戦し、寝る間もないほど忙しくしていた生徒がいました。

「大丈夫なの？」

と声を掛けると、

「覚悟のうえですから」

と笑っていました。お母さんは心配していましたが、最終的にすべてを見事にやりきったその子の様子を見て、

「うちの子じゃないみたい」

と言って、涙を浮かべていらっしゃいました。

確かに両立で悩み、苦しんでいる生徒もいます。けれどこの時期、大いに悩

み苦労することも将来の糧になるのではないでしょうか。大人になれば、仕事や家庭など、いろいろなことをこなしていかなければいけません。仕事でも、一つのことだけではなく、優先順位を見極めながら、さまざまな作業を同時に行う必要があります。

勉強とクラブ活動などの両立は、そうしたマルチタスク（複数の仕事を同時にこなすこと）に耐える力を早いうちから身に付けることにもなると思います。

日本の伝統を知ってこそ、国際人になれる

二十年以上前のことになりますが、次のような苦情の電話をいただいたことがあります。

「電車内で、お宅の生徒を注意したところ、その場では謝ったが、後で『日本人って嫌ね、イギリスでは……』と、ささやいているのが耳に入った。どういう教育をしているのか」

という内容でした。

当時は、国際教育の必要性が叫ばれ、多くの学校で国際科が設置され、校名も「〇〇国際」と変更されるような時代でした。

私は、頭から冷や水を浴びせかけられたような気がして、

「海外の国の表面的な部分にあこがれ、自国に誇りを持てない子供を育ててい

るのでは」

と、恥ずかしくなりました。そして、

「インターナショナルの前に、ナショナルのない教育はダメだ」

と強く感じたのです。

その後、海外で活躍している方に出会うたびに、

「中高生のうちにしておくべきことは何だと思われますか？」

と聞き続けました。共通して返ってくる答えは、

「自国のアイデンティティをしっかり持たせること」

というものでした。国際人として活躍しようと思ったら、まず、英語の前に日本語、国際文化の前に日本文化を学ぶべきだということでしょう。

元NHKワシントン支局長で、国際的に活躍しているジャーナリストの手嶋龍一さんは、生徒に次のようなことを話してくださいました。

「自分には、何かのときに助けてくれる友人が世界中にいます。あるときスペインの新聞王といわれる人に、どうしても相談したいことがある、と連絡したところ、『今から飛行機に乗れ。大西洋上のバミューダアイランドの空港でなら一時間だけ時間がとれる』と言われました。自分のためになぜそこまでしてくれるのか。それは、英語が堪能であるからでも、滞在の長かったアメリカ的な考え方ができるからでもありません。私に日本人というベース、価値観があるからです。真の国際人とは、自国のアイデンティティを持った人であり、互いに異なるバックグラウンドを持つからこそ、認め合い、尊敬し合えるのです」

そこで本校では、国際教育の前段階として、「日本を知る」教育にも力を入れ、中等部では茶道、華道、着付け、礼法などの授業を行っています。まず体験してもらうことで、日本文化の奥にある心を知るきっかけになればと考えています。

六月の暑い日に浴衣の着付けの授業をしていたときのことです。生徒が、

「暑い、暑い」

と口々に言っていたところ、

「夏の着物は暑くて当たり前です。大切なのは、自分が暑いとか寒いとかいうことではなく、あなたの姿を見た周りの人が、涼しそうと心地よく感じてくれること。着物のマナーは、相手への思いやりの気持ちで成り立っているのよ」

と講師の先生が話してくださいました。ざわついていた作法室がすーっと静かになりました。

また、華道の先生は、

「はじめの華材を活けるとき、後の華材のために、空間を空けておきましょう。活け花は、互いに活かし合う和の心を大切にしています」

と教えてくださり、茶道の先生は、

「茶碗を回すのも、季節のしつらえをするのも、すべては思いやりの心」

と教えてくださいます。

学んだことがすぐに身に付く子、表面にはなかなか出てこない子など、さまざまですが、子供のうちに日本文化の入り口に案内しておくことで、それは心の奥深く沈み、いつか違いを生むのではないでしょうか。そして、国際社会に出たとき、尊敬される人になることにつながっていくのではないかと思います。

仮に他国の人から、自己主張の弱さを指摘されたとしても、

「日本文化は相手を思いやり、互いを活かし合う、和の心、チームの力を大切にしているのです」

と、堂々と主張できるようになれるかもしれません。

留学を成功させる二つのポイント

留学から帰国した生徒のなかに、特に語学力の向上や人間的成長の著しい子がいます。そういう生徒には、現地での過ごし方に共通点があるようです。それは、

「なるべく、日本人同士では行動しなかった」
「日本人同士でいるときも、英語で会話をしていた」

というものです。

この背景にあるものは、「覚悟」ではないでしょうか。

「自分は何のために留学するのか」

という目的がはっきりしていて、そのために、現地でしかできないことをす

るなど、限られた時間をどう使うかを分かっているのです。

そこで私は、子供の留学を考えている親御さんに対して、二つのお願いをしています。ポイントは、日本との接点を断つことです。


一つは、日本とつながる携帯電話を置いていくこと。携帯電話を持ったままだと、たとえ身体は外国にあっても、気持ちのうえでは半分日本にいるような感覚になりかねません。メールも同様で、

「毎日、親と連絡しています」

という状況では、日本で生活しているのとあまり気分は変わりません。

慣れない外国に送り出し、親御さんが心配する気持ちは分かりますが、携帯電話は、せっかくの子供の覚悟を鈍らせるもとといえそうです（ただし、現地内で使う携帯電話はこれとは別です）。

もう一つは、留学期間中、特別な事情がない限りは帰国をさせたり親が訪問したりしないことです。夏休みやお正月などに一時帰国させると、身体ととも

にせっかく現地にあった心が日本に戻り、ホームシックなどの迷いを起こすきっかけになってしまってはもったいないからです。

また、往復の航空運賃は大変な金額です。むしろ、留学には一日あたりいくらお金が掛かっているかなどを知らせるくらいのほうが、現地で過ごす時間の価値に気づき、充実した毎日を過ごすことにつながるのではないでしょうか。


以前、留学中の生徒にちょっとしたトラブルが生じました。ご家族に経緯をお伝えしたところ、親御さんは、

「先生、大丈夫です。うちの子はマイナスをプラスに変えられる子ですから」

とおっしゃいました。

実際、その生徒の留学体験は実りの多いものとなりました。帰国後も自分の力で道を切り拓き、希望の進路を実現しました。

なるほど、この子のように自立した子供に育てる秘訣はこういうところにあったのか、と思わされた経験です。

本当に「孤独はいけない」の？

新入生とその保護者に、不安なことがないか尋ねると、「友だちができるかどうか心配」という答えがよく返ってきます。確かに、この年代の子供には、気になることでしょう。

そこで本校では、クラス全員と早い時期に顔見知りになれるよう、入学するとすぐ、各クラスでエンカウンター・エクササイズ（簡単な作業やゲームを通して、心のふれ合いを体験する手法）を行っています。

というのも、学校で最初にできる友だちといえば、小学校のとき通っていた塾や、通学経路が一緒の子になりがちです。また、「阿部さん」と「新井さん」など、五十音順の出席番号で席が近い子もそうです。

そうやって、最初にできた友だちも、しばらく経つと、自分とは気が合わないことに気づくことがあります。しかし、いったん友人関係や仲良しグループが固定してしまうと、その関係から抜け出しにくくなることがあるのです。

「同じ話題で盛り上がれないと気まずい」

「仲間はずれにされるのが嫌だ」

という強迫観念から、グループに溶け込んでいるように振舞いながら、孤独やストレスを抱えている子供がいます。

「友だちに囲まれているからといって、必ずしも心休まる場にいるわけではない」

「一緒にいる友だちを必ずしも好きであるとは限らない」

ということを、親御さん方には知っておいてほしいと思います。

一方で、一人でいることが苦にならない生徒もいます。

入学直後、昼食を一人で外で食べていた子に、担任が心配して声を掛けると、

「ちょっと空気を変えようと思って」

という返事。彼女は一人でいる時間を楽しんでいたのです。

『孤独力』などの著書がある津田和壽澄《かずみ》氏は、

「ロンリネスとソリテュードは違う。ロンリネスが寂しさを内包する状態に対して、ソリテュードとは自ら選び取った一人の時間にある状態を意味する」

という趣旨のことを述べています。ロンリネスとソリテュードは日本語ではともに「孤独」と訳されているようですが、「孤独」には、ロンリネスのような消極的な意味だけではなく、ソリテュードのような積極的な意味があることを知っておくと、一人でいることが必ずしも寂しい状態ではないことに気づくかもしれません。

なるほど、意識的に一人で過ごす時間はとても大切です。人の影響を受けず、静かに自分と向き合い、内なる声に素直に耳を傾けることもできるでしょう。そんなとき、さまざまな発想が浮かび、新しいものを創造することもできていくかもしれません。

子供は、「孤独はいけない」と思い込みがちです。その呪縛から解放してあげるためには、私たち大人が、

「一人でいることは悪いことでも、寂しいことでもない。自由で創造的な時間の過ごし方でもあるのだ」

というメッセージを自信を持って伝えることが大切であるように思います。

外部の情報より、目の前の子供を見て

テレビや雑誌に出てくるいわゆる女子高生言葉を耳にした私が、

「こんな言葉が流行っているんでしょう？」

と、生徒に聞いたとき、

「確かに○○は使うけれど、△△は使わないと思います。テレビと私たちの実態は違うと思います」

と言われてしまったことがありました。

一部の事象や事件がニュースで繰り返し報道されると、私たちはどうしても、実際の出来事以上のインパクトを受けてしまいます。

少し前のことですが、若者による悲惨な事件が続き、ニュースで「キレる十七歳」と盛んに報じられたときは、こんなことがありました。ある教員が、

中等部のある生徒から、

「先生は高校二年生の授業も受け持っているんですよね。十七歳ですから、大変ですね。がんばってください」

と言われたそうです。その教員は、

「生徒に励まされちゃったよ」

と笑っていましたが、生徒は冗談で言ったのではなく、本気で心配してくれたようです。

私が危惧するのは、そうした外部からの情報に影響されて、親御さんが自分自身のお子さんの接し方にまで迷いを生じさせることです。

学校現場で見ている限り、世間でいわれるほど子供たちが変わっているとは感じません。変わったのは、子供たちを取り巻く環境です。特に、少子化、核家族化、地域社会の崩壊などにより、子育ての環境が大きく変わったと感じています。

かつては、何人もの人に支えられ、相談相手も多かった子育てでしたが、今は、親と学校だけで面倒を見なくてはならなくなってきています。

そうした環境ですから、外部の情報に頼りすぎてしまうのも無理はありません。ただ、それは事実の一部でしかないということは知っておいてほしいと思います。

競争を通して知る自分の強み

本校には、生徒同士で競い合いができる場面があります。勉強やスポーツだけではありません。

たとえば、企業と商品を共同開発する特別授業では、グループ対抗のコンペティションを実施します。グループごとに新商品の提案を行い、企業の方に審査してもらうのです。授業とはいえ、実際に商品化されることもある真剣な取り組みなので、負けたときは悔し涙を流す生徒もいます。

また、文化祭の模擬店でも、出店に際してコンペがあります。プレゼンテーションの順位が低いと出店条件に制約が生じるため、どのチームも本気です。

こうした競争は、生徒に強いモチベーションを生んでいます。一所懸命やった分、勝ったときの達成感はひとしおです。

一方、負けたとしても、

「あのグループのほうが確かに上だった」

と、拍手で称えることができ、

「悔しいけれど、この経験を活かして次回はがんばる」

と、前向きな気持ちもわくようです。


一時期、運動会の徒競走で順位をつけない学校があると話題になりました。今も教育現場には、競争はよくないと考える風潮は強いように思います。

確かに、限られた価値観しかないところで競わせるというのは、さまざまな能力を秘めている子供から自信や可能性を奪いかねません。

ならば、競争の軸を増やしたり、チームで競う形にしたりするなどの工夫をすればいいでしょう。

先ほど述べたような本校の取り組みでは、リーダーシップを発揮する子、発想に長けた子、プレゼンテーション力に優れた子、デザイン力のある子など、さまざまな能力を持つ生徒に光が当たっています。

いろいろな形の競争があることによって、自分の強みは何かを見つけることもできるでしょう。

「何のために勉強するの？」と聞かれたら……

「何のために勉強するのですか？」

「数学を勉強して、将来、何の役に立つのですか？」

などと生徒はよく聞いてきます。そこで本校では、

「学校の勉強と、大学やその先の社会がどうつながっているのかを知ること」

「今の自分と未来の自分がどうつながっていくのかを考えること」

などを目的に、さまざまな大学や企業と連携した特別講座などを実施しています。


先日は、大学の技術研究所にご協力いただき、「ロボットをつくるために力学を知ろう」という特別講座を行いました。生徒三、四人に一人の割合で指導

役の大学院生がついてくれたことで、その授業に関することだけではなく、大学での勉強についてなど、いろいろな質問をすることができて好評でした。

この研究所には以前、CTスキャンの仕組みを解説していただいたこともあります。粘土でくるんだ果物をスライスしてデジタルカメラで撮影し、それをもとに立体映像をつくるという実演はとても分かりやすく、それがきっかけで理系を選択した生徒もいたほどです。

日本を代表する機械メーカーに来ていただいたときは、非接触型ICカードの仕組みについて、開発秘話を交えながら分かりやすく話してもらいました。その後、このカードをどう活用するかというアイデアを出し合うことで、生徒は、学問が実社会にいかに応用されていくかを理解していました。

水産系の大学の実験室を訪問した際は、海草の研究に没頭している大学院生のマニアックな話を聞き、好きな学問に打ち込む情熱に圧倒されていました。

ある生徒は、

「今、勉強している物理や生物や数学が、大学に行くとこんな風に学問として展開していくということが分かったし、さらに、企業ではどう応用され、世の中にどう貢献していくのかというつながりが見えてきて、やる気がわいてきました」

という感想を述べていました。

こうして、大学や企業との連携に力を入れ始めた頃から、志望校の選び方にも変化が生じてきたように思います。大学を偏差値や知名度を頼りに選ぶのではなく、将来を見据え、学部学科から選ぶ傾向が強くなってきたのです。

特別授業の内容は大学の入学試験に直接出題されるものではありませんから、受験対策としては遠回りにも感じます。しかし、

「何のために勉強するのですか？」

「将来、何の役に立つのですか？」

という、生徒が感じていた疑問に対するヒントを与え、勉強に対するモチベーションを高め、結果的に、将来につながる進路選択に役立っています。

学校と企業の連携で、働く意義を体感

本校はこれまで、企業の協力を得て、さまざまな共同プロジェクトを実践してきました。たとえば、人気キャラクターの本校オリジナルバージョンを共同開発し、利益をカンボジアの学校建設に寄付するというプロジェクトがあります。

また、ある特別講座を受講した生徒の手によって、オリジナル清涼飲料水の商品化を実現したプロジェクトもありました。

そうした取り組みを、希望者参加の特別な企画ではなく、カリキュラムとして位置付け、学年全体で一年間をかけて行う授業を二〇〇六年から始めています。

「企業とのコラボレーション授業」と名付けたこの授業は、中学三年生を対象に総合的な学習の時間を中心に実施しています。

製薬会社、製菓会社などの方が指導役を引き受けてくださり、商品企画などのプロジェクトを一から立ち上げる授業です。

それまでの有志による取り組みと異なるため、初めはモチベーションの高い子ばかりではなく、協力していただいた企業の方に迷惑を掛けることもありました。

しかし、変化の兆しはすぐに表れてきました。教室を覗いてみると、全員が意見を出しやすいように机を丸く並べたり、発言が滞ると少人数に分かれて話合いを進めたりしています。

想定した顧客層のライフスタイルを分析したり、インターネットを駆使してデータを集めたり、ときには街頭に出て市場調査を行うこともありました。

大人相手にも鋭い質問が飛び、社長や役員を前にした最終プレゼンテーションも堂々としたものです。大人の予想を超えて彼女たちは成長し、自分なりに仕事の意義や厳しさ、やり甲斐などを学んでいきました。

たとえば、新しい店舗の提案という課題に取り組んできたある生徒は、

「マーケティングの仕事って愛ですね」

と口にしていました。理由を尋ねると、

「私たちは女性向けの店舗を考えたのですが、働く女の人は、どんな仕事をしていて、会社帰りにどんな空間があったら癒されるのだろうか、と一所懸命考えました。それには人を思いやる気持ちが必要で、愛が大切だなって感じました」

また、清涼飲料水の開発に携わったある生徒は言いました。

「それまで、何気なく手にしていた商品の背後には、どれほど多くの大人が、どれだけ長い時間をかけているのかを知って、その重みを感じるようになりました」

ときには、社会の厳しい現実にぶつかります。

あるメーカーと新商品の共同開発を半年間かけて行った学年がありました。

最終選考に残った提案のなかから、プレゼンテーションを経て、優勝作品が決まった瞬間は大変な盛り上がりようです。そんななか、企業の方から、

「大変いいアイデアなのですが、技術的に製品化は難しい」

という話がありました。生徒たちは、がっかりした様子でしたが、その方の、

「商品とは、こんなものが欲しいというニーズと、それは難しいという技術のせめぎ合いのなかで生まれます。初めから技術的な枠をかぶせてしまうと自由な発想が出にくくなると思い、事前に条件は伝えませんでした」

という話を聞いて、頷いていました。

親でも教員でもない大人から学ぶこと

「企業とのコラボレーション授業」をはじめ、大学との連携による特別授業や各種講演会を行うことで得られるもう一つの意義は、将来のロールモデル（生き方や行動のお手本となる存在）と出会えることです。

生徒にとって、親でも教員でもない大人と接する機会は貴重です。第三者の意見であるからこそ耳を傾けやすいという面もあります。

ティーン雑誌の編集長に講演をしてもらったときのことです。その方は、締め切りの翌日、徹夜明けでやってきたとのことでしたが、疲れた様子も感じさせないほど生き生きとしていました。

ある生徒は、

「好きな仕事を選んだ人はいつも輝いていられるんだ」

と言っていました。

社内会計士をしている女性のときは、

「会計士になるために、今、何をやっておけばいいですか？」

と中学生が質問しました。

すると、

「いろいろな教科を満遍なく勉強すること。なかでも数学は必要です」

と答えてくださいました。こう聞くと子供たちは
「数学は苦手だけれど、やりたい仕事に必要ならば、もう少しがんばる」

とモチベーションが高まるのです。

また、ある大学の副学長で、やはり公認会計士の資格を持っている女性のときは、

「資格をとることには、どういうメリットがありますか？」

という質問が上がりました。

すると、

「私は大学教授で、まもなく定年を迎えます。定年後は会計士の仕事をするつもりです。資格には定年がありませんから、一生好きな仕事を続けることができます」

と答えてくださり、生徒はなるほどと頷いていました。世の中には数多くの職業や職場があることに気づくことも、大人と出会うことで生まれる効果の一つです。

子供に、

「将来何になりたいの？」

と聞くと、医師や教師、パイロットなど、限られた職業が挙がります。それは子供が、大人に接する機会が少ないからではないでしょうか。

子供は、会社の仕組みについても詳しく知りません。

たとえば、製薬会社とのコラボレーション授業では、担当していただいた女性と生徒がこんな会話をしていました。

「〇〇さんは理系ですか？」

「私は、文系の法学部出身です。薬事法の勉強をしていました」

「そうなんですか。薬品会社だから、理系の方が勤めている会社だと思っていました」

質問した生徒は製薬会社に勤めている人＝薬剤師などの理系という認識だったのでしょう。

若者の早期離職者やニートの問題がよく話題になっていますが、早いうちから、いろいろな仕事に触れ、仕事の中身を知ることは、

「自分はどんな仕事が向いているのか」

「そのためには、どういう進路を選択すればいいのか」

について考える機会になると思います。

それによって、充実した人生を送ることができる職業に出合う可能性が少しでも高まればと、心から願っています。

本書の印税は、社会問題の解決に一歩を踏み出す人材を育てるため、「一般財団法人ソーシャル・ビジネス・プラットフォーム」（http://sbplatform.jp）に寄付させていただきます。

本書は二〇〇八年十一月にかんき出版より同名タイトルで
刊行された作品に加筆修正したものです。

漆 紫穂子（うるし・しほこ）
品川女子学院　理事長。創立1925年の中高一貫校・品川女子学院6代目校長を経て、2018年より現職。早稲田大学国語国文学専攻科修了。教育再生実行会議委員（内閣府）。
同校は1989年からの学校改革により7年間で入学希望者数が30倍に。「28プロジェクト」を教育の柱に社会と子どもを繋ぐ学校作りを実践している。近著『働き女子が輝くために28歳までに身につけたいこと』（かんき出版）。
趣味のトライアスロンでは年齢別日本代表。

だいわ文庫

女《おんな》の子《こ》が幸《しあわ》せになる子《こ》育《そだ》て
未来《みらい》を生《い》き抜《ぬ》く力《ちから》を与《あた》えたい

著者　漆《うるし》 紫《し》穂《ほ》子《こ》

二〇二〇年四月一五日第一刷発行

発行者　佐藤 靖
発行所　大和《だいわ》書房
東京都文京区関口一−三三−四 〒一一二−〇〇一四
電話 〇三−三二〇三−四五一一

執筆協力　堀水潤一
フォーマットデザイン　鈴木成一デザイン室
本文デザイン　松好那名
本文イラスト　コウゼンアヤコ
本文印刷　信毎書籍印刷　カバー印刷　山一印刷
製本　小泉製本

ISBN978-4-479-30811-9
乱丁本・落丁本はお取り替えいたします。
http://www.daiwashobo.co.jp